村瀬　信也

国際法と向き合う

――捨てる神あれば　拾う神あり

信山社

まえがき

ロシアによるウクライナ侵攻で、国際法は今、第二次大戦以降、最も重大な試練に直面している。国際法の無力を、誰しもが痛感している。今の若い人たちは、国際法をどのように見ているのだろうか？　国際法を勉強してみようと考える若者は、どれくらいいるのだろうか？

民法や刑法のような国内法ではなく、国際法という「得体の知れない法」、いや「法」とさえ、とても言えないような分野を選んで、いったい、何の役に立つというのか、そう思っている人は多いであろう。国際法の先生たちは、国際法が「法」であるかどうかは「法」の定義によるとか、国際法にも国内法と同じように強制力は備わっていて、それがちょっと弱いだけだとか、いろいろ説明してくれる。しかし、申し訳ないが、そうした説明は、何の慰みにもならない、と感じているのだろう。国際法が法かどうかの問題は、結局、国際法の先生たちが、法学部に在籍できるかどうかの問題のようだ。法でないとなれば、これらの人たちは失職することになりかねない。もっとも、私の場合は、失う職もないので、この問題については自由公正に応えられる。私の見解は、後で述べるように、国際法は、「法」と「非法」のギリギリの緊張関係の間（はざま）にあるというものである。

仮に国際法が面白いと思ってそれを専攻しても、将来、職業として、それが本当にモノになるのだろうか。そう疑っている人は多いであろう。国際法を使う職業といえば、誰しも、外務省に入って外交官になる道を思い浮かべるだろう。しかし、その外務省でさえ、外務公務員上級職試験については、何年も前に、公務員試験に統一された結果、試験科目から国際法は必須科目ではなくなり、国際法を勉強していなくても、外務省に入れることになってしまった。必要なら、外務省に入った後で、勉強すれば良い、という程度のことのようである。そうだとすれば、一生をかけて国際法に打ち込むなどというのは、よほどの「オタク」でもない限り、まともな人の考えることではないかも知れない。

本書はそうした疑問や不安について、それらに答えることを意図したものではない。ただ、私の拙い歩みを通して、その中から読者自身で解答を見つけ出していってもらえれば良い。この本は、そのための「素材」を提供するにとどまる。何事も、自分で見つけ出さない限り、答えは見つからない。私自身の経験を披露することで、そこから読者が、国際法と生きていく上での、何らかのヒントを得てもらえることを願うのみである。

人の人生は幼児期における経験や環境が大きな意味をもつ。私の誕生は、太平洋戦争の真只中だったので、戦争を抜きにしては、語れない。近代国際法の中心課題は戦争であったが、「戦争の惨禍」（国連憲章の前文）と一言で言っても、それは実際に体験しないと、本当には理解できない。私の生誕の日は、空襲に備えた防空演習の日であったし、その後、家族は、戦災（一九四五年三月一五日の名古屋大空襲）で家を焼かれて、生死の分かれ目を、一家流浪の中、ギリギリのところで生き延びてきた。こうした体験は、私の国際法理解に大きな影響を与えてきた。国際法も「法」と「非法」のギリギリのところで、その規範性を発揮してきたのである。それが国際法研究の何よりも大きな魅力であり、そうした国際法を、私は、愛（いと）おしくさえ思う。もし、若い世代の人々が、そうした思いに、時代を超えて、何がしかの共感を覚えてもらえるのであれば、遠い戦争の記憶も、それなりに意味のあるものと言えるのではないか。

国際社会への関心は中学時代から芽生えていたが、高校時代に経験した米国留学は、私のその後の歩みに大きな影響を与えた。一年の留学の終わりにホワイトハウスでケネディ大統領の演説を聞き、感銘を受けた。ケネディ大統領の「すべて人は同じ空気を吸って生きている」という言葉は、後年、筆者が国連国際法委員会で「大気の保護」という議題に取り組んだ時、その底流をなす精神だった。

国際法との出会いは、国際基督教大学（ＩＣＵ）で山本草二先生に学んだことである。先生からは、実証的な国際法へのアプローチの仕方を、徹底的に鍛えられた。ＩＣＵ在学中、論文コンテストで一位となり「国連派遣賞」をえて、国連でラルフ・バンチ事務次長と面談、将来、国際公務員になりたいと切に思った。

ＩＣＵ卒業後は、厳しい山本先生から逃げるようにして、東大の大学院に進学し、本格的に国際法学の研究を進める。しかし、そこで関わりを持った全共闘運動やベトナム戦争反対運動で、思わぬ軌道修正を余儀なくされる。紆余曲折ののち、立教大学で二〇年、その後、上智大学で二〇年、教壇に立ち、さらにその後、日本を飛び出して、中国の大学で八年間、国際法を教えた。

国連でバンチ博士に会ってから一五年後に、私は、国連事務局の法務担当官として働く機会を得て、夢が叶った。ハーグ国際法アカデミーで講義し、気候変動政府間パネル（ＩＰＣＣ）の主要執筆者として、ＩＰＣＣのノーベル平和賞受賞にも、ささやかな貢献した。その後、ハーグ・アカデミーの理事会のメンバーや、万国際法学会（ＩＤＩ）の会員にもなった。さらに、国連国際法委員会（ＩＬＣ）の委員となり、その特別報告者として「大気の保護」のガイドラインをまとめ、また最近はＩＤＩで「感染症と国際法」に関する国際立法の作業も主導した。

多くの挫折も経験したが、ここまで何とかやって来られたのは、良き師、良き友人に恵まれたからに他ならない。与えられたチャンスを逸することなく、時にはピンチをチャンスに変えて、乗り越えてきた。「捨てる神あれば、拾う神あり」というが、これこそ私がその人生のさまざまな局面で、何度も経験したことである。

この種の書物は、老人の自己顕示と自慢話ばかりで、読むに堪えないと思う人も多いであろう。品性の高い学者は、そもそも、こんな本は書かない。しかし、晩節は大いに汚すべし、その一環として、恥も外聞も恐れず、本書を世に問うことにした。

本書の出版については、信山社の袖山貴さん、そしてとりわけ、稲葉文子さんに、大変お世話になった。記して、心からの感謝を申し上げる。

二〇二二年二月二五日（ロシアのウクライナ侵攻の日）

村瀬　信也

目次

第二部　一点突破 全面展開

第三部　修行と研鑽

第四部　国際法の現場

第一部　家族の背景

1　祖先探求

私の家族の歴史は、五万年前に遡る。気候変動は、国際法研究者としての私の主要な研究テーマの一つだが、私の祖先も、実はこの気候変動によって、日本にたどりついたのである。もとより、この気候変動は自然現象で、現代のような人間の行為に起因するものではない。私は、このテーマについて、いくつかの論文を書いてきたりしたので、太古の時代からの気候変動にも興味があった。

一五年ほど前、Genographic Project という「祖先の軌跡」(Ancenstral Traces) を解明するプロジェクトがあること知った。そこでは、気候変動が人類の壮大な民族移動に大きく関わってきたことが証明されている。ＩＢＭとNational Geographic Society が共同で始めたプロジェクトで、個人のＤＮＡを分析して、その人の祖先が辿ってきたルートを明らかにするという。面白そうなので、早速、口の中の細胞を綿棒のようなものでこすって採取し、試験雨管に入れて試験料・郵送料とともに、コロラドの研究所に送った(女性は染色体の関係で、母方の祖先しか辿れないとのこと)。

五万年前のアフリカ

それによると、私の最初の祖先は、五万年前アフリカのリフト・ヴァレー（Rift Valley）地方、今のエチオピア・ケニア・タンザニア辺りで生まれたという。私たちは「新人類」で、言語を話し、グループで一緒に行動することができた。その後、四万五千年前、私たち一五〇人ほどのグループは、アフリカを脱出することにし、アラビア半島に渡った。その頃、ヨーロッパでの氷河期が終わり、雪解けの湿気が降りてきていて、アフリカは緑の大陸で、今は砂漠となっているところも、徒歩で移動することができたのである。行った先々で、私たちは、コロニーを作り、原住民を圧倒した。

アラビア半島から、一部の人たちは北に行き、ヨーロッパ人となった。だが、私たちのグループは、東に進めば楽園があると信じていたので、ひたすら東へ東へと進んだ。途中で高い山脈に阻まれ、一部の人たちは北に行き、ロシア人となり、また別のグループは南に行ってインド人になった。だが私たちは、どんな困難があろうと東に行こうと決めていたので、高い山を登り、深い谷を渡って、東に進み続けた。こうして、三万五千年前、私たちは今の中国南部に定住した。私のＤＮＡ・一七五は、現代中国人男子の半数以上の人たちと共有しているものだという[1]。

Genographic Projectによる祖先の軌跡は、ここで終わる。その後については、私の憶測に過ぎないが、次のようなことだったのではないかと思っている。三万年前、地球は再び氷河期に襲われる。そこで私の祖先は中国を離れ、もっと暖かいところに移ることにした。台湾を経て、フィリピンに渡ったのではないか。私は以前、アジア開発銀行の行政裁判所の仕事で、六年間にわたり、年に二回、マニラに行ったが、街を歩いていると「君はどの島から来たの?」とよく聞かれた。皆、私のことを、日本人ではなく、フィリピン人だと思っているのだ。私は自分の祖先がフィリピンにいたことを確信した。そのフィリピンから沖縄を経て日本にたどり着くのは、古代の人々にとっても、黒潮に乗れば、それほど困難なことではなかったであろう。

(1) 村瀬ブログ「私の祖先」参照、s.murase blog: My Ancestral Traces: https://s-murase.blog/2019/11/29/my-ancestral-traces/

小牧・長久手の戦い

近代に入ってからの私の祖先の記録は「小牧・長久手の戦い」(天正一二年・一五八四年)に始まる。私の父方の祖先は、この戦いで、豊臣側の足軽として戦ったが、徳川方に敗れた。仕えた主君が敗れて路頭に迷ったが、捨てる神あれば、拾う神あり。長久手村の農家に拾われ、足軽をやめて、農夫となった。もっとも、この逸話は父からそう聞いただけで、証拠はない。その後の三百数十年間、村瀬家がどういう遍歴を重ねたかはよく分からない。先祖のことは檀家となっていた寺に過去帳が残っているはずと父から聞いたが、その寺の名前は残念ながら思い出せない。分かっているのは、私の父・效（いさお）の曽祖父・村瀬甚左衛門は明治三年没、祖父・助六は明治三一年没、そして、父・正禄は昭和三年没、ということだけである。先祖が、ほぼずっと継続して、長久手に住んでいたことだけは、確かなようである。

後述のように、この先祖に関する言い伝えは、二〇一三年、国連国際法委員会（ＩＬＣ）で困難に直面した際、私の一つの拠り所になった。私の提案に対して、委員会では、五大国出身委員が反対し、私は人生でここまで侮辱されたことはないと思うほど憤慨した。私はサムライらしく、直ちに委員を辞するべきだと考えた。他の委員は、辞めるな、ここは忍耐すべきだと私を説得してくれた。その時、私は、自分の先祖が長久手で農夫になったことを思い出した。農夫は、侮辱されてもそれに耐え、しぶとく生き続ける。結局、私は辞任をしないことにした。翌年、私の提案は他の委員の支持を得て議題として採択されることになり、八年後の二〇二一年にガイドラインがまとまり、作業を終えることができた。

2　私の家族

父の肖像

小牧長久手の戦いから三百数十年後、村瀬家は長久手村の庄屋だった。父の少年時代、米騒動（一九一八年）で小作農民がわが家を取り囲んだ時、彼の父親（つまり私の祖父、村瀬正録）は不在で、家には一四歳の私の父だけがいた。農民たちに父親を探してくるように言われ、自転車で探しに行ったという。当時、自転車は、裕福な家にしかなかったとのこと。地元では、祖父は「ほとけの正録さん」と呼ばれていたということだから、小作農民から、とくに恨まれるということもなかったのであろう。

私の父・村瀬效（いさお）は四男だったが、上の三人の兄が早逝したため、祖父（村瀬正録）の死後（一九二八年、なお、その妻・せい、は一九二〇年没）、土地は全て父が相続した。父は、岡崎師範学校卒業後、名古屋の小学校で教えていたが、母と結婚（一九三二年）した後、広島高等師範学校（広島高師、現・広島大学）に入学した。父は何度も入試に失敗した後、やっと広島高師に入ることができた。卒業後の最初の赴任地は鹿児島の中学校。広島高師に在学中、財産の管理を頼んでおいた叔父が泥炭事業に失敗し、父の財産も全て失ってしまったとのこと。もっとも、仮に所有していたとしても、戦後の農地改革で結局全て失うことになったはずと、父は頓着しなかった。しかし母は父のことを「故郷を捨てた人」と呼んでいた。父は、戦後一時期、疎開で長久手の親戚（川本家）と知人（水野家）後述）を頼った以外には、長久手に帰ることはなかった。祖父（正録）の死後、父の親がわりになっていたのは、父の姉（きみ）と結婚していた山本外一で、外一は一九三五年以降、長久手村の村長を務めていた。父は外一に苦手意識を持っていたらしい。母・とめ子との婚姻届も、外一に知られることが怖くて、提出したのは八ヶ月ほど遅れたという。外一の妻・きみが死去して数年後に行われた法事の際（一九五八年ごろ）も、父自身は出席せず、代理として、中学生だった私を出席させた。

父母ともに教員。父は広島高師を卒業の後、中学・高校などで歴史・地理を教えた。戦前の父は、乗馬やグライダー操縦などの訓練を受けていたという。グライダーでは、自分の前に飛んだ人が、墜落して命を落としたこともあった。戦後は豊橋や岡崎の盲学校校長を務めて定年を迎えた。豊橋の盲学校では、目の不自由な生徒でもスポーツを楽しめるようにと、他の先生たちと協力し、ボールに鈴を入れてハンドボールができるようにし、また、ロープに輪っかを組み込みその輪っかを掴んで生徒が全力疾走できるような方法を考案して、新聞に取り上げられたこともある。一九七六年「勲四等瑞宝章」を下賜された。

長久手とその隣接地域は今や科学技術の中心地で、多くの大学や研究所が集まっている。私の息子は、賢明にも、国際法を選択するような過ちはおかさず、化学で博士号をとり、二〇二〇年、長久手市にある研究機関に就職して、同市に居住することになった。二世代の断絶を経て、村瀬家は再び先祖の地に戻ることとなったわけである。もっとも、本人にその自覚はなさそうだし、長久手に今後ずっと住み続けるかどうかも、定かではない。

母の面影

母は戦前、愛知女子師範学校を卒業後、小学校で教えていた。父とは、二人が千種小学校で教えていた時に出会い、結婚した（一九三二年）。母の夢は音楽教師になることだったが、私の姉・明美を孕っていたので諦めざるを得なかったようだ。[2] 音楽学校には行かなかったが、ピアノは外国人教師に、声楽は山田耕筰先生に習い、本格的な音楽家だったといえよう。母は働きながら、山田先生のレッスンを受けるため名古屋から東京まで夜行列車で行っていた。見かねた山田先生が、いっそ東京に移ってきたらどうかと勧めて下さったのだが、母はそこまで踏み切る勇気がなかったと言っていた。戦後は自宅で年少者にピアノを教え、大学院に進んだ私や妹を経済的に支えた。父と違い、生活力のある母であった。

（2）音楽教師としての免許を取るための一次試験には合格したが、二次の検定試験は私の姉を孕っていたので、受けられなかったとのこと。しかし、学校での式典の時などは、ピアノ伴奏をしていたという。

姉と妹

私より一一歳年上の姉（明美）は、高校（昭和高校）卒業後、東海銀行に勤め、一家を支えた。後年、保育士の資格を取り、自宅近くの保育園（日進保育園）で働いたが、彼女も母にピアノを習っていたのでピアノが弾け、保育園では重宝された(3)。

私より三歳年下の妹（ウイルソン夏子）は、室内楽ピアノ演奏家・教師として米国・カナダで活躍し、米国人と結婚して一児をもうけ、今もカナダに在住、文筆家としても活躍している(4)。

（3）姉の長女・麻美（一九五六年生まれ）も、私の母に、四歳位から中学生になるまで、ピアノを習っていた（他の先生についていたが、下見をしてもらっていた）という。今回、この文章を纏めるに当たって、姉・明美（八九歳）から詳細な記録や思い出の提供を受けた。今回、姉が協力してくれたお陰で、正確に記述することができ、併せて、姉の長男・俊（一九五九年生まれ）も資料収集で協力してもらい、感謝している。

（4）ウイルソン夏子『メアリー・マッカーシー：わが義母の思い出』（未来社　一九九六年）：同『ガートルード・スタイン：二〇世紀文学の母』（未来社　二〇〇一年）：同『ナイアガラものがた

り』（彩流社 二〇〇三年）、同『キューバ紀行』（彩流社 二〇〇六年）、同『カナダ事件簿』（彩流社 二〇一七年）、同『エドマンド・ウイルソン 愛の変奏曲』（作品社 二〇二一年）、など。

3 誕生 ― 明かりを消して

私が、国際法を面白い対象だと思う理由の一つは、前述のように、それが「法」と「非法」のギリギリのところで、その規範性を顕現していると考えるからだ。そうした国際法に愛着を覚えるのは、やはり、私の幼少期の体験が大きく影響しているような気がしている。私の一家は（もちろん当時の大多数の人がそうであったように）、ギリギリのところで生きていたのである。

私が誕生した日（一九四三年四月四日）の夜、名古屋では防空演習が行われていた。私が生まれた時、最初に耳にした言葉は「村瀬さん、明かりを消して下さい！」という隣組の組長の大きな声だった ― と、成人したあと母から聞いた。丁度、山本五十六元帥が戦死した直後で、日本は負けいくさに入っていた。空襲に備えた訓練が毎週のように、名古屋でも町内をあげて行われていた。その夜も防空演習の警報が鳴り響き「消燈、消燈！」という叫び声とともに家々の電灯は一斉に消されていたのだが、村瀬家だけは、出産のため明かりが漏れていたのである。玄関の外に出た父が「男の子が生まれましたので」と組長に弁解していた。弁解しながらも、その声は弾んでいた。軍国の時代、男子の誕生は父にとって、このない誇りだったようだ。

私が生まれた家は、名古屋の中心、中区丸田町にあった。母の母親（祖母、服部こまつ）は何軒もの借家を持っていたが、わが一家が、そこに移り住んだとき、そこには、畑や、鶏小屋があり、大きな物置小屋もあった。敷地は五百坪位あったようだ。周りを祖母所有の借家や他の家が囲み、広い中庭に井戸もあり、父は毎朝そこで冷水を浴びていたという。

祖母は、私の母に、貯金が貯まったら、とにかく土地を買っておくように助言していた。そのため母は滝川町（名古屋市昭和区、杁中）に土地を買っておいたので、戦後、わが一家はそこに住むことができたのである。対照的に、祖父（服部利三郎）の方は神道の「神主」（かんぬし）で、禰宜（ねぎ）さんとも呼ばれていた。祖父は、遊び人で、酒ばかり飲んでいたそうだ。「お妾（めかけ）さん」が、およねさん、おかねさん……など、五人はいたという。祖母は、それらの愛人の子供も育てていたようだ。そんな父親を見て育った私の母は、宗教というものは全て偽善だと言い、一切、信用していなかった。

父は私を「信也」と名付けた。郷土の英雄・織田信長から一字を借りた。私に弟が生まれたら豊臣秀吉に因んで「秀也」と名付けるつもりだったと言っていたが、弟は生まれなかった。当時、父は、愛知・惟信中学（現・惟信高校）の教諭だったので、その学校名から一字をとった、とも言っていた。

母は、私が生まれる直前、下の娘（育美）を、四歳の時に赤痢で亡くした（一九四二年）。当時、家にはお手伝いさんもいたが、教員として忙しくしていて、十分に面倒を見てやれなかったため死なせてしまったと、晩年まで悔やんでいた。娘は伝染病院に入院したが、医者から「もう助からない」と言われ、信仰心のない母も、この時ばかりは、祖母に神棚[5]の前で祝詞（のりと）をあげてくれるように頼んだ。祖母は、祝詞を唱えながら育美の浴衣を叩き続け、悪霊が消え去るのを祈った。しかしその甲斐なく、幼い娘は亡くなってしまった。

その半年後に生まれた私のため、母は教職を辞し、育児に専念した。戦争中、物資も足りない中で、唯一の楽しみは、私を連れて銭湯に行くことだった。午後三時頃に行くとまだ人も少なく、湯は三〇センチほどしかなかったが、至福の時だったという。私が生まれて間もなく、一家は、丸田町から、池下の桐林町に移った。千種区役所の傍で、役所は今でも同じ場所にある。その南の小高い丘の上に、わが家はあった。二階建ての家で、庭には松の木が何本もあった。

祖母・こまつは一九四四年春に、私の生まれた丸太町の自分の家で亡くなった。八〇歳。寝たきりになったが、彼女の息子・娘たちが、みんなで面倒をみた。頭は最後まではっきりしており、息ができなくなるまで、念仏を唱えていたという。

一九四五年二月、二歳の私は、麻疹（はしか）になり、そのあと、肺炎を罹ったが、母の田代小学校時代の教え子の親が医師だったので、何度も往診してもらい、手に入りにくい特効薬を都合してもらえて助かったとのこと。姉がその医院に行って薬を受け取ってきてくれた。紀元節（二月一一日）の日だった。冬にしては暖かい日だった。よもや、その四日後（二月一五日）に、空襲で家が全焼するとは誰も思っていなかった。私の発病が数日遅れ、空襲と重なっていたら、おそらく私はその時、命を落としていたであろう。

（5）この神棚は六畳の部屋の半分くらいを占める大きなもの。流れ町（名古屋市中区金山）に住む母の一番上の兄が、戦災で丸田町の祖母の家が焼ける前に運び出しており、現在もマンションの七階に鎮座されている。母は、信仰はなかったが、晩年それを見て懐かしんだという。

4 大空襲

二月一五日昼過ぎの名古屋大空襲、焼夷弾二万発が千種などに落とされた、と記録される(6)。母は私の頭に洗面器をかぶせて逃げ(7)、向かいの山田さんの家の中に造られた堅牢な地下壕に入らせてもらったという。私がまだ病気から回復していなかったので、冷たい外の空気に触れさせないようにとの配慮からだ。それ以前は、空襲警報が発せられると、自分の家の庭の、ただ掘っただけの壕の中に身を寄せていた。私が麻疹に罹ったあとは、その簡易防空壕に布団を積んで、寒さに耐えた。しかしこの日の空襲は、どこからかの情報で、皆、危ないと知っていたようだ。姉は、向かいの家の庭に造られた共同壕の中に逃げ込んだ。そこには一〇人ほどの人がいた。父は外でウロウロしていた。その時、壕の近くに焼夷弾が落ちたことが衝撃で分かった。姉は、他の何人かと壕から外に飛び出した。自宅の庭に焼夷弾が落ちているのを見た。焼夷弾は六角形の筒で、地面に一〇センチほど突き刺さり青白い火を吹いていた。姉は母に持たされていた風呂敷包みを、家の庭に掘った壕の中に置き忘れたことを思い出し、それを取りに戻った。その後、姉は父と一緒に庭に落ちた焼夷弾をいくつか消した。向かいの家の庭に落ちていた焼夷弾も、手伝って消した。

姉たちが退避した時、わが家は燃えてはいなかった。しかし、翌日来てみると、隣家から燃え移った火で、結局、自宅は焼失していた。ピアノは、ピアノ線が剥き出しになった状態で、無惨な姿を晒していた。家財一切燃え尽きていたが、家が焼け落ちる前、誰かが母のオルガンだけ出してくれていた。このオルガンは、戦時下でもう買えなくなるというので急いで購入し、数日前に届いた新品で、家の玄関の土間に置いてあったのだ。このオルガンは最後の疎開先でも家族と一緒にあったことを、私もおぼろげながら覚えている。もっとも、その最後の疎開先にいた時、オルガンはどこかの学校に売られ、代わりに、ジャガイモの入った箱が土間に積み上げられ、一家の空腹を満たした。

戦時国際法の規則では、攻撃は「軍事目標」に限定されるべきで、戦闘員でない普通の人々（文民）に対する「無差別攻撃」は禁止されている。戦後、米国元国防長官を務めたロバート・マクナマラは、当時、若手将校として日本の空襲に関わったが、無差別攻撃をすれば戦争犯罪に問われることを認め、上司に警告していた。東京裁判で、連合国側は、「侵略戦争」を始めた日本には連合国側の戦時国際法違反を追及する資格はないとし、空襲に関わる米国の違法行為は不問に付された。

第二次大戦中、日本では三一〇万人が戦争の犠牲になったが、中国では日本の侵略により、一千万人以上の人が犠牲になっている。フィリピンその他のアジア諸国でも、多くの人が被害を被った。そのことは、日本人として、決して忘れてはならない。

この原稿をまとめている時、ロシアのウクライナ侵攻が進んでいる状況を見て、人ごととはとても思えない。こんな馬鹿げたことは、八〇年前に終わったことはずなのに、一人の過った為政者のために、未だに続いているというのは、信じ難いことだ。プーチンは、侵略犯罪を犯した者として、国際刑事裁判所に引き渡されて裁判にかけられなければならない。

（6）西尾幸美著「過去からのホットライン」毎日新聞名古屋開発二〇〇一年刊。「大編隊来襲、名古屋東部、南部、敵機は約60機、数編隊となりて来襲す。八機、一一機、四機等。主として三菱、兵器廠、今池、丸山方面に焼夷弾と爆弾を、南部笠寺方面に爆弾を投下す。」（著者は姉の同級生。父上が詳細に記録していたメモを、後に彼女が本にまとめた。父上は三月一九日の大空襲で亡くなった。直前まで、メモを取り続け、メモ帳を腹に巻いていたので残った由）「丸山方面」というのが、私の一家の家があった地域である。

（7）私が洗面器を被されていたのは、その少し前に巡回してきた町内会長さんの示唆があったからだった。彼の娘さんは、軍需工場の空襲で亡くなったが、何か硬いものを被っていたら助かったと思う、と言っていた。そこで、家にあったステンレス製の新しい洗面器は私に被せ、また同じように銀色に輝いていた丸鍋（直径三〇センチ、深さ八センチほど）は姉が被っていたという。この洗面器と鍋は、一九四九年に滝川町の新しい家に移った時も、色はくすんでいたが、活躍していた。

5　一家流浪

焼け出された後の四年余り、わが一家は六回の疎開を経験し、各地を転々とした。まさに、今の国際法でいう「国内避難民」で、現在のシリアやアフガニスタンの人々ほどではないとしても、そのような状況に似ている。空襲の後、「女子供は退避するように」と言われて、母と姉は私を連れて、坂の下の千種区役所に行き、その壕で少しの時間、休んだ。姉がその時、家で飼っていた二羽の鶏のことを思い出して、泣いていたら、区役所のお姉さんに慰められたという。夕方、丸田町の祖母の家（私の生まれた家）に行く。祖母はその前年春頃、亡くなっていた。その家には孝一伯父さん（母の兄）一家が住んでいた。そこで数日過ごした後、大井（現・岐阜県恵那市）に移った。こういうこともあろうかと、大井にいた母の兄に頼んで、前もって大井に小屋を借りてもらっていたのである。

そこは、演芸小屋の別宅で、トイレはなく、小さな部屋に仏様のお堂があり、細長い部屋が続いているという奇妙な小屋だった。三ヶ月後に、大井の町の中の二階建の家に移った。家具は全くなく、広々としていた。小さな畑もあったが、そこで育てたナスや野菜はみな盗まれた。私が記憶している人生最初の光景は、大井の家の前の道路で、見窄らしい着物を着てしゃがんでいる幼い自分の姿である。

名古屋では三月一九日に大空襲があり、その時前記の、私が生まれた丸田町の祖母（こまつ）の家も焼けた。鶴舞公園には、焼け焦げた死体が山のように積まれていたという。孝一伯父さん一家も、逃げ惑ったようだ。疎開していた姉の同級生の多くは、その翌日に予定されていた卒業式のために名古屋に戻っていて、空襲の犠牲になった。もとより、卒業式は中止になり、姉たちの学年は、今日に至るまで、卒業証書をもらっていない。

この大空襲の少し前に、祖母（こまつ）の法事があり、わが家からは姉が出席した。その帰り、伯母のしずのが、まだ物置に残っていたアルバムを、姉に持たせた。姉は、こんな重いものを、とその時は不満を覚えたが、そのお陰で、写真がわが家に残った。しずの伯母さんは、自分でも写真を撮っていたので、先見の明があったのだ。このアルバムは、その後、わが一家と流浪の旅を共にし、今日に至るまで、当時の面影を伝える貴重な財産となっている。

わが一家は大井に疎開していたので、この三月一九日の名古屋大空襲は免れた。姉は中津川高等女学校（中津川高女）の試験を受けて合格した。筆記試験や口頭試験のほか、薙刀（なぎなた）の試験もあった。不合格の場合は、軍需工場に行くことになると告げられていたが、運よく合格した。中津川高女では、授業もあったが、山の開墾や峠から薪を運ぶなどの作業が多く、夏休みには、五、六人で出征兵士の留守宅に行き、草刈りや桑の枝の皮むきなどをした。履物は自分で作った藁（わら）草履だった。

その大井で、八月一五日、終戦を迎える。終戦の詔勅は、母は私を連れて伯父の家で聞いた。姉は家で留守番するように言われたが、外に出て道路に立っていたら、ラジオが聞こえた。その家の人が姉に気づいたらしく、音を大きくしてくれたので、よく聞こえた。もっとも、その内容は、よくわからなかった。ただ、日本が戦争に負けたということだけは分かった。父はその夜、号泣していたという（父の死後、母から聞いた）。歴史を教えていた父は、戦争に敗れた民族がそうであったように、多かれ少なかれ、奴隷化されて苦難の道を歩むことになると思っていたようだ。

満員列車での通勤・通学は大変だった。姉は、中津川高女への二区間だけの汽車通学だったが、満員で汽車に乗れなかったとき、姉は復員兵の人が窓から乗せてくれ、降りる時も窓から降ろしてくれるということもあった。また、父が、列車の中で出会った若い復員兵を、大井の先に行く予定だったのだが、もう列車がないというので、自宅に連れてきて寝させたということもあった。翌朝、母はその人のために弁当を作って渡した。彼はそのお礼に、持っていた缶詰を二、三個置いていったという。

長久手への疎開

一家は、その年の一〇月ごろ、大井を離れ、長久手の草掛（くさかけ）・本地ケ原に住んでいた親戚（父の叔母、川本家）を頼って、その物置小屋に住まわせてもらった。そこはグライダー練習場に近く、父には土地勘があったのだろう。川本家はグライダー飛行場の賄いをしていたので、まだ食料があったようだ。農家風の大きな家で、庭に見事な松の木があった。戦前、梨本の宮が宿泊されたこともあったそうだ。障子が真っ白でピンピンだった。それを、幼い私が物差しで破ってしまって、母と姉は生きた心地がしなかったという。私たち一家が住んでいた物置の隣には、二羽の孔雀と五羽の鶏がいたという。

その長久手・草掛でのこと、父が配給の米を岩作（やざこ）まで、借りた自転車で取りに行き、米袋を自転車の後ろの荷台に置いて帰ってきた。見ると、袋が破れていて、帰宅した時には袋の中に、一粒の米も残っていなかったという。雪が積もっていたので、米の落ちたのが分からなかったのであろうが、実生活で父がいかに役立たずであったか、その例として、母は晩年まで繰り返しこの話をしていた。その時は、川本のおばさんが、内緒で、一斗缶に入れた米を持ってきてくれて、母は涙が出るほど嬉しかった、と言っていた。苦難の時代だったが、みな、助け合って生きていた。

姉は岐阜の中津川高等女学校から瀬戸高等女学校（瀬戸高女）に転校。そのあとすぐ、父が同じ瀬戸高女の教頭として赴任してきた。父は毎朝の朝礼で訓示を垂れるのだが、話が下手で、恥ずかしくて聞いてられなかったという。父はまた、地理・歴史・ローマ字を教えていたが、授業も下手だったし、試験問題なども不適切で、たとえば地理の試験では「緯度について述べよ」という一問だけ。生徒はみな困って、姉を睨んでいたという。姉は瀬戸高女から何とか移りたいと思い、愛知女子師範学校を受験して合格した。母が卒業した学校で、母は喜び、すぐピアノを買うと言っていたが、同校は戦災で小牧の方に移転しており、姉の弱い体では通学は無理だと医者に言われて、転校は諦めざるを得なかった。

川本家では、満州から息子とその家族が戻ってくるということで、三ヶ月後にはそこを退去し、わが一家は少し離れた長久手・草掛の水野さん宅に移った。戦死した夫の代わりに、働き者の奥さんが、三人の子供とお婆さんの生活を支えていた。そこも物置小屋で狭かったが、日当たりは良かった。小屋の隣は、米つき場だった。母屋に風呂をもらいに行っていたことは、私もぼんやり覚えている。鉄道・瀬戸線の駅から四キロ以上あり、父も姉も通勤・

通学は大変だったようだ。

母と姉は、土手の畑にカボチャを作っていたが、ある時、そのカボチャが全部盗まれた。近くで子供と釣りをしていた男が怪しいと睨んだ私の母と姉は、その男を追及したが、男は「そんなの、知らねえ」と言うばかり。一緒にいた子供の態度から、その男の仕業であることは確かなように思われたが、それ以上、どうすることも出来なかった。こういう時、父は、「誰かが喜べば、いいことだ」と言い、まるで現世を超越して生きているような感じだった。

この草掛の家で、一九四六年夏、妹（夏子）が生まれたのも、私は覚えている。母親を手伝うため、姉は夏休み前の一ヶ月間、休学して家事を手伝った。誕生の日の朝早く、土手の畑で、父と姉と、そして私を含めて、生まれてきた妹の名前を何にしようか考え合ったとのこと。三歳とはいえ私も妹の名付けにコミットしていたことに、やや責任を感じているが、本人はこの名前が気に入っているということなので、よかったと思う。

最後の疎開先

最後の疎開先は、旭町・新居という町にある「多度神社」の社務所だった。その頃からのことは、私もよく覚えている。神社は小高い山の中にあった。草掛からそこへの引っ越しは、リヤカーだった。その社務所は、襖を外して二つの部屋を繋げると広間になる構造で、廊下もあった。トイレは外にあった。井戸は、この社務所の少し離れて高い場所にあったが、飲み水には適さなかった。戦時中、ここには軍隊が駐屯していて、敗戦で撤退する時、都合の悪いものを、全部この井戸の中に投げ捨てて行ったため、変な匂いがした。そのため、飲料水は、父が里の法遍寺の近くにある湧水から、天秤棒に木の桶を二つ掛けて、山道を運んだ。この社務所に風呂はなく、山を降り、里の松井さんという家にもらいに行った。私は、その家のハツエちゃんという女の子とよく一緒に遊んだ。

その神社では年に二回ほど例祭があり、その時は社務所で村の「寄り合い」があるので、数時間だけだが、部屋を片付けて一時退去しなければならなかった。例祭の日、姉と一緒に大曽根の映画館でエノケンの映画を見たこともある。「歌はチリトテチン」という エノケンの歌が面白かった。

私は、昼間は山から里に降りて、他の子供たちと一緒になって遊んだ。小川でドジョウの捕り方を教えてもらったりした。夕方になると、一人で山を登り、家に帰った。里に「法遍寺」（ほうへんじ）というお寺があり、三浦さんという若いお坊さんがいて、私に親切にしてくれた。

蟹江の伯母さん（安井しずの）夫婦が、この多度神社に、リュックに一杯、米や芋を入れて持ってきてくれたことを覚えている。法遍寺の三浦さんがある夕方、私を訪ねてきて、二人で井戸のところで話していた。その時、家の部屋で、母が用意した夕食がちゃぶ台の上に並べられていて、蒸し芋から湯気が出ている光景が、なぜか印象深く記憶に残っている。食糧にこと欠く中でも、愛煙家の父はタバコをやめられず、母がよく怒っていた。父の月給は千二百円ほどだったが、ある時私のために八百円で三輪車を買ってきてくれた。母は「何を考えているの！」と怒っていた。

こうした父の能天気さは、枚挙にいとまがない。しかし、こういう父がいたからこそ、わが一家はあの困難な時代も、乗り切ることができたのだろうと思う。現実からいつもちょっとズレていた父、生活力旺盛な母、そして機転のきく賢い姉、それぞれがユニークな個性を活かしながら、時代を生き、一家を支えてきたのだ。

里のハツエちゃんの弟が病気（結核）で亡くなり、遺体が雨戸に乗せられて運ばれていくのを見送った。みな、貧しかった。私の姉も、過労で「肺門リンパ節」を病み、長期休学していた。滝川町の荒れた土地で姉は父と一緒にさつま芋を作ったり、麦の種を蒔いたりしていたが、リュックに芋を一杯詰め込み、バス、電車を乗り継いで多度神社の自宅まで運んでいた。こうしたことが姉の病気を誘発したのであろう。タンパク質が圧倒的に不足していた。卵は一つを四人で分けて食べた。

とはいえ、生活はだんだんと良くなってきてはいた。一九四七年秋頃、父の鹿児島時代の教え子の人が、色々探して瀬戸高女に訪ねてきた。父は、多度神社のわが家での夕食に彼を招いた。この時、父は山鳥の雉の肉を手に入れ、母は野菜を天ぷらにして出した。彼は天ぷらを、この上なく喜んだという。この人は船乗りで、日本人の引揚者を海外から名古屋まで運んで来たのだという。船上では火災防止のため、天ぷらは禁止だったそうだ。翌日、父と姉は、その船を見に行った。引揚者達は、もう一人もいなかったが、航海中、広い船底で過ごしていたらしい。夕食に大きな鰯の煮物をご馳走になったことを、姉は記憶している。

疎開を繰り返したこの四年間の苦労話を、私は母から何度となく聞かされて育った。一家はギリギリの状態で生きてきていた。そのことは、私の体に染み付いているように思う。そしてそれが私の国際法の捉え方にも、深く染み込んでいるように思われる。

新しい家

一九四九年秋、両親は滝川町に家を建てた（名古屋市昭和区、杁中）。八三坪の土地は戦前に母が購入していた。転居を急いだ理由は二つあった。一つは、姉の転校問題。姉は瀬戸高女から県立第一高校に転校していたが、学区制の変更で、再び瀬戸高女に戻らなければならなかった。「寄留」という学区内の知人宅等に一時的に身を寄せる形にして　県立第一高校に居続けるという方法もあったが、教員の家でそんな脱法行為をやるわけにはいかないと父は強く反対した。姉にとって瀬戸高女に戻るのはどうしても嫌だった。滝川町への転居によって、姉は昭和高校に編入することができた。

もっと深刻な問題は、滝川町の土地が、農地改革の一環で「不在地主」と認定され、買い上げられることになりそうだと、隣家の酒井さんから連絡があったことだ。わが一家は、そこで麦や野菜を栽培しているが、その土地に住んでいないから「不在地主」だというのだ。両親の指示で、姉は、茶碗一〇個を土産に有力者の家に行き、「あの土地は荒地で、そもそも農地には適していない。戦災で家を焼かれ、困っているので、今、そこに家を建てることを計画中」と説明した。「それでは一応、審査会にかけて検討してみる」と言われ、なんとか収用を免れることができたのだ。姉は当時一六歳だったが、一人でその有力者に会い、彼を説得したのだから、その働きは表彰状に値しよう！

建築費がよくあったものだと思うが、蟹江の伯母さん夫婦(8)が支援してくれたのだろう。玄関の土間と、四畳半の部屋が四つの小さな家だった。今度の引っ越しは小さなトラックだった。新しい家に到着すると姉がゴザを敷き始めた。「エッ、畳じゃないの?」というと、姉は「しっ! 近所に聞こえるじゃないっ!」と私を叱った。その後、父の月給が入るたびに、一部屋ずつゴザは畳に変わって行った。安普請のため、強風が吹くと、床下を通り抜ける風で、畳が宙に浮き上がることもあった。風通しはよかったが、冬は滅法寒かった。

その年の一二月末、朝起きると、枕元に、私の好きなゼリーのお菓子が置いてある。五歳の私は「サンタクロースが本当に来たのだ!」と感激した。しかし、その翌日、茶箪笥の中に同じゼリーのお菓子があるのを発見し、「ん?、なんで? なんだか変だ」と思った。そして、すぐ、サンタクロースは実在しない、ということを悟った。そもそも私は、最初から、サンタクロースなど信じてはいなかったのかも知れない。私の母も、おとぎ話など信じない現実的な考えの人だったから、サンタクロースの贈り物は、この年が最初で最後だった。

私の国際法における「現実主義」の立場は、この辺りに源があるのかもしれない。私はよく学生たちに「国際法はおとぎ話じゃないんだ」と言う。国際社会の「基礎的価値」とか「連帯性」などという空虚な概念に、今でも私は懐疑的である。学生諸君には「君は、『基礎的価値』を、見たことがあるの？　そんなのどこにあるの？」と聞いて困らせる。

（8）蟹江の安井さん夫婦には、わが家は、大変お世話になってきた。しずの伯母さん（母の一〇歳年上の姉）の夫（留吉）は、農業のほか、土建業もやっていた。若い頃、関東大震災（一九二三年）が起きた時は、東京で、金槌とノコギリを持って地震で壊れた家々を修理して回り、それで財をなしたのだそうだ。伊勢湾台風（一九五九年）の後、その土建業は一層大きく発展した。しずの伯母さんの兄達が、大井、桑名や流れ町で鉄工所を営んでいたので、その支援も大きかったようだ。蟹江の伯母さんは、いつも私に沢山お小遣いをくれた。子供の頃はもとより、私が成人してからも、それは続いた。一九八五年に八九歳で亡くなった。

6　小学校時代

入学前に簡単な「入学試験」があった。面接の先生が、三枚の短冊を見せて「これは何色？」と聞く。私は「アカ、ミドリ、キイロ」とスラスラ答える。すると次の質問。「このうち、一番好きな色は、どれ？」私は躊躇せず「ミドリ！」と答えた。今でもネクタイはグリーン系が多い。将来、国際環境法の専門家になることは、この時すでに決まっていた！

このやりとりを、同級生となる工藤くんのお母さんが傍で聞いていて、「ムラセくんは、ハキハキしていて、とても賢い」と感嘆していたそうだ（六〇歳の時集まったクラス会での工藤君の話）。私は四月四日生まれなので、入学時すでにほとんど七歳だった。早生まれの同級生とは一年近い差があった。幼児期の一年の差は大きい。姉が絵カルタを作って文字を教えてくれたりしたお陰で、すでに字もスラスラ読めた。このため、小学校では優等生だった。

一年生の時の秋の運動会で、クラス全員、日の丸の小旗を持って歌いながら行進した。私はクラスで体が一番小さかったので、行進の先頭だった。「白地に赤く日の丸染めて、ああ美しい、日本の旗は……」という歌だ。日本が連合国の占領を脱して独立を回復する時期になっていた。先生たちは、子供たちに、国旗への、そして祖国への、誇りを持ってほしいと願ったのだろう。マッカーサーが日本を離れる際、ラジオで日本国民への別れの挨拶を、一部日本語を混じえて行った。それを聞いていた母が、「（彼の）日本語は上手になったわね」と言ったのを覚えている。

この年（一九五〇年）、天皇が名古屋で開催された第五回国体に参加するため、八事の「八勝館」に泊まられた。われら八事小学校の児童は沿道で、日の丸を手に、「天皇陛下万歳」を叫んだ。二〇台位の黒塗りの車列が前を通り過ぎた。私たちは車列が全部通り過ぎるまで、万歳を繰り返すように言われていた。それで、私は、車に乗っている人がみな天皇なのだと思った。「天皇陛下」というのは、あの何十人かの人たちの総称なのだと、長い間、私は思っていた。

一年生の時は、毎日、絵日記を書くことが宿題だった。一九五〇年五月末に朝鮮戦争が始まった。「きょう、そらに、ひこうきのとんでいるのがみえました」と書いて、飛行機の絵を描いた。翌日、赤インクで書かれた三橋先生のコメント。「ちょうせんのこどもたちは、かわいそうで、かわいそうですね。」三橋先生は、美しく優しい女性の先生だった。後年、私は国際法の論文や講義で、朝鮮戦争に触れることが多かったが、そのつどいつも、三橋先生のことを思い出した。

韓国・朝鮮の人たちの犠牲の上に、朝鮮特需で、日本経済は潤ったようだが、わが家に関して言えば、生活は依然苦しかったようだ。母は、安い肉や食料を求めて、名古屋駅裏のドヤ街で月に何度か買い物をした。いつも私を連れて行って、帰りの荷物を持たせるのである。杁中からバスで名古屋駅まで。駅前には、まだ白い服を着た傷痍軍人がアコーデオンを弾いて、行き交う人から施しを受けていた。駅のコンコースを抜けて駅裏に出ると、そこは喧騒と混乱と、そして不思議な活気のある世界だった。

一九五三年三月三〇日のこと、いつものように母と駅裏に行こうと駅のコンコースに入ったところ、大時計の下に、人だかりがしている。何かと思って近寄ると、テレビが設置されていた。日本では、その年の二月にテレビ放送が開始され（その時のテレビ台数は日本全体で八六六台に過ぎなかったが、三月末日で、一六、七九九台）、未だ家庭でテレビを持っている人は、ごく少数だった。駅のテレビには、皇太子（今の上皇）がエリザベス二世の女王戴冠式に出席するため、横浜を出港する場面が映し出されていた。戦後初めて、日本が国際社会に受け入れられて、新しい日本の門出を象徴するような出来事だった。後述のように、戦前から日本外務省の法律顧問だったトーマス・ベイティ博士は、本国イギリスから反逆者の汚名を着せられたが、このテレビ中継を見て、さぞ祖国に帰りたいと願っただろうと考え、私はこの時のことを、英国国際法雑誌の論文で触れた(9)。

その後、各家庭にテレビが置かれるようになったが、わが家は遅かった。テレビよりも前に、ピアノが購入された。ピアノは母にとってなくてはならないものだったし、私の妹も、ピアノ・レッスンを始めなければならない年頃になっていたからである。戦災でピアノを失ってから、一〇年後のことだった。

三年生の時だったか、学芸会で歌劇「小林一茶」の主役を演じた。「イッサのおじちゃん、イッサのおじちゃん、あなたのお歌をきかせてねー」と皆が歌うと、私がゆっくり立ち上がり、「ワーレときーて、あーそべや、オーヤのなーいスズメー」と独唱するのである。立ち上がりながら歌うというのが、結構、難しかった。「もっと大きな声で！」と先生から何度も叱咤された。学芸会は午前の部と午後の部の二回あり、午後の部は父兄が来るので、午前よりずっと重要である。主役は二人いて、もう一人は工藤君だったと思う。私は当初、午後の部の主役ということになっていた。ところが、途中でなぜか午前の部に回されてしまった。私の人生で初めて経験した「挫折」だった。映画俳優になるという夢は、この時点で諦めた。一方、工藤君は、夜間中学で教えながら、劇団を主宰するまでに舞台俳優として成功した。ちなみに、米国の国際法学者、リースマン教授やダマト教授は、演劇やミュージカルの素養があり、その講義はすこぶるダイナミックである。日本の国際法の教授の授業は、つまらないものが多い。先生たちは、もっと、演劇を学んだら良い。

（9）Shinya Murase, "Thomas Baty in Japan: Seeing through the Twilight", *British Year Book of International Law*, 2002, p. 315, footnote 1)

私の国際法の原点

その頃、東映のチャンバラ映画をよく見に行っていた。中村錦之助とか東千代之介などのファンだった。竹や木で刀や弓矢を作り、大勢の敵に囲まれながらも、孤軍奮闘してバッタバッタと悪者を倒していく場面を、何度も一人で練習した。この孤軍奮闘場面は、ペーター・ザンド Peter Sand 教授が二〇一七年の論文で描写したように、「国際法委員会（ILC）での村瀬の奮闘ぶりは、孤独なサムライが群がる敵を切り崩していく場面を想起させる」という形で、再現されることになった。[10] 八事・興正寺の広大な境内とその周辺の雑木林は、悪ガキどもの格好の遊び場だった。友達と二手に別れ、それぞれ陣地を作って、「ワアーッ！」という奇声を発しながら、手製の木刀を振り回して戦争ごっこをした。私の国際法・戦争法の原点はここにあるとも思っている。

五年生の終わりに児童会の会長に立候補した。立ち合い演説会では、「ボクに務まるかどうかわかりませんが……」と謙遜することも忘れなかった。対立候補（工藤君だったか？）を大差で破って当選を果たした。会長の役割は、毎日、朝礼で台の上から「規律、礼！」と号令をかけることだが、緊張の余り、気を失って保健室に運ばれたこともある。

六年生の社会科の時間に、先生が「国連本部はどこにあるか」と質問した。ハイっと手をあげた私は得意になって答えた。「イースト河のほとりです！」先生は当然「ニューヨーク」という答えを期待していたのであろう、「えっ？」というような表情だった。が、実はそのとき私は教科書の裏表紙に印刷された美しいカラー写真をみていたのだった。そこには、加盟各国の色とりどりの国旗に囲まれて、マンハッタンの河辺に聳え立つガラス張りの殿堂が、澄み切った紺碧の空の下に映し出されていた。そして写真の下の説明文には、たしかに「イースト河のほとりに立つ国連本部」とあったのである。そのカラー写真の国連像は、その後永い間、私の脳裏に焼き付いていた。

六年生の頃、登校時には、近くに住む久礼君、鉄村君、丹羽君の4人で、いつも一緒だった。毎朝、殆ど同じ地点（南山中学の辺り）で、向こうからやって来る、いかにも貧相なおじさんとすれ違った。ちょっと足が不自由で、体を大きく左右に揺らしながら歩くその歩き方が何ともおかしかったので、四人の間では、おじさんのことを「ヒョコタン」と呼んでいた。最初の頃は、おじさんに気づかれないよう「クスッ」と笑っていた。しかし毎日会っていると自然に親近感が湧いてくる。おじさんの足が不自由なことも、しいて特別なこととは思わないようになってきた。そして、ある時から僕たち四人は「おはようございます！」と挨拶するようになった。おじさんも「おはよう」と言ってくれた。こうして一年が過ぎた。

卒業式の日、先生から「君に会いたいという人が来ている」と告げられ、誰かなと思って学校の（教職員用の）玄関に行くと、そのおじさんがいた。「これ、卒業祝い」と言って四人に鉛筆を二本ずつ、くれた。お礼を言って、私はすぐ教室に戻ったが、後で、どうして私の名前が分かったのだろう？　と不思議だった。そもそも、あのおじさんは誰だったのか、どういう人だったかも分からないままだ。その後はもう道で会うこともなく……六六年が過ぎた(11)。

友達の中でも、久礼憲一君とはとくに親しくなった。家が近かったので、下校時はいつも二人で帰った。冗談を言い合い、私の一生のうちで、あんなに笑ったことがあっただろうかと思うほど、楽しい帰り道だった。満州から赤子の久礼君を連れて引き揚げてきた彼の母親は、近くの病院で看護師をしながら、女手一つで彼を育て上げた。彼が私と同じ私立の東海中学・高校に行きたいと願ったためか、高い寿業料にもかかわらず、彼の母親は見事にその希望を叶えた。単に私と親友だからというよりも、私には絶対に負けたくないという久礼君のライバル意識がそうさせたのかもしれない。久礼君は、その後、母親の勧めでレントゲン技師の資格をえて、その道で成功した。人望も厚く、組合活動でも指導力を発揮したようだ。結婚し、子供・孫に恵まれ、老後の母親とも一緒に暮らした。彼の母親は亡くなる少し前、息子に「村瀬君はどうしているの？」と聞くので、「上智大学の教授として活躍しているがや」と言うと、「おみゃあさん（お前さん）、負けたな……」と言って「ふっ」と笑った、という。この話は当の久礼君から数年前に聞いた。

小学校の卒業文集「将来の希望」欄には「外交官になりたい」と書いた。「外交官」というのがどういう職業か全く分かっていなかったが、父がよく須摩弥吉郎という広島高等師範学校出身の外交官のことを話していたからである。この頃から、外国に関心があったこと、国際舞台で働きたいと思っていたことは確かである。

卒業前には「名古屋タイムズ」という新聞社から、「少年少女賞」をもらった。理由は不明だが、各校から一名推薦されたものらしい。卒業式でも「成績優秀」の表彰状をもらった。六年間を通して、絵画、作文などでも数多くの賞状をもらった。その数は百枚にも及んだ。卒業の時、母がこんなの持っていてもしょうがないから燃やそう、と言って、賞状でご飯を炊いた。こうして私は、一九五六年三月、八事小学校を卒業した。

私は、地元の川名中学に進みたかった。小学校の友達の殆どがそこに進学するからである。両親にもそう言ったが、両親は、それを許さなかった。それで、入試を受けて、一九五六年四月、東海中学に進むことになった。名古屋の名門男子校だ。

(10) See, Professor Sand's description as "a struggle sometimes conjuring up the iconic image of a valiant lonely samurai battling powerful warlords", Peter H. Sand, "The Discourse on 'Protection of the Atmosphere' in the International Law Commission", *Review of European, Comparative*

and International Environmental Law, 26 (2017), p. 15.
(11) 村瀬ブログ記事参照：http://s-murase.blog.jp/archives/26381397.html

7 中学時代

小学校では、「神童」とは言わないまでも「優等生」で通してきたが、中学に進んだ途端、私は「ただの人」になってしまった。男子校なので、小学校の時のように「しんちゃん、すごーい！」などと言ってくれる女の子たちはもういなかった。頑張ろうという気持ちが、全くなくなってしまった。中学時代は英語とラジオの組み立てだけが好きなことで、この二つに没頭した。

中学一年の時の英語の若い先生は、発音重視で、Don't you ..... の発音は「ドント・ユー」ではなく「ドンチュ」と発音せよと言ったので、その先生のあだ名はドンチュとなった。ドンチュのお陰で、英語が好きになり、松本亨先生のＮＨＫラジオの英会話講座を聴いたり、義兄（姉の夫）にリンガフォンのレコードを買ってもらったりして、積極的に勉強した。少し喋れるようになると、街に出て、手当たり次第、外国人に話しかけるようになった。

もう一つ熱中したことは、ラジオの組み立てだ。鉱石ラジオから始まり、真空管を使った複雑な受信機まで、自分で設計し、ラジオ部品を売る店に通って部品を収集した。親戚にアマチュア無線をやっている長谷川さんという人がいて、その人に色々教えてもらった。彼が「CQ、CQ……」と外国に向かって問いかけると、外国の人が応答してくる。それが、なんとも格好良く見えた。自分も無線免許を取るつもりでいたが、そのうち関心が薄れた。

英語の方はその後も関心を持ち続け、一時、大学生に混じって、「通訳養成所」にも通った。その養成所の先生が、「同じ文章を八〇回繰り返し言い続ければ、その文章は脳に刻み込まれ、考えなくても自然に口から出てくるようになるから、騙されたと思ってやってみなさい」と言うので、同じ文章を八〇回繰り返す練習を重ねた。通訳養成所は二ヶ月ほどで辞めたが、八〇回の繰り返しはその後も自分で続けた。この方法は結構、正しかったと今でも思う。

中学時代には「郵便友の会」というクラブ活動に参加した。友の会が外国の人を紹介してくれて、文通する仕組みだ。外国の人たちと郵便で交流できるというのは、この上なく楽しいことだった。エアメールが届くたびに、外国の匂いを嗅ぐような感じがして、心が躍った。しかし、まだ私の英語力には限界があったし、相手ととくに親しくなれるわけでもなく、もどかしさを感じた。もっと英語に強くなりたいと願った。

中学の時、教室内での席は、学期ごとに、試験の成績順に決められた。一番成績が良い生徒が、右の列の一番後ろで、二番の生徒がその前、というふうに順番に座っていく。一〇番の生徒が一番前の席である。そして、一一番目の生徒は、二列目の一番後ろ、となる。わがクラスの一番はコンスタントに高木敏行君だった。私はなぜかコンスタントに一一番だった。そのため、一番後ろの席で常に隣に座っている高木君と仲良くなった。高木君は文学少年で、中学二年の時に、トルストイの『戦争と平和』を読破したと言っていた。高木君とは、一〇年後、東大の大学院で一緒になった。彼は政治学の修士を終えて朝日新聞記者となったが、今でも親しい関係にある。中学時代に良かったと思うことは、高木君と出会ったことだけと言っても過言ではない。

中学から高校へは、ほぼトコロテン式に進学できるので、高校受験のためにとくに試験勉強をする必要もなく、緊張感のないまま、高校生となった。私の中学での思い出は、驚くほど貧弱で希薄である。それなりに楽しいこともあったはずだが、中学は私にとって灰色の時代で、その頃のことを思い出そうという意欲が、そもそも全然湧かないのである。唯一の明るい出来事は、中学卒業の頃、一〇年ぶりに家が建て替えられたことである。設計は私に任された。板張りの洋間はピアノ室。奥座敷は父の部屋、私の勉強部屋も作り付けのベッドと共に作ってもらった。平家だが、赤瓦にピンクの外壁で、モダンな和風建築だった。

8 高校時代

一九五九年四月、東海高校に進学。同校は、人も知る名古屋の受験校である。中学の時は、クラス編成自体は公平に行われたから、どのクラスに在籍しようと、変わりはなかった。しかし、高校では、生徒は毎年、その成績によって、クラスを移動する。五百数十人の各学年の生徒は、成績によって、東大、京大を目指すトップクラスから、中間クラス、そしてビリのクラスまで八クラスに分けられていた。私は全体の中で、成績は一二〇番から一五〇番位だったので中間グループの中のやや上あたりか。当然、高木君とは別のクラスになった。私の配属されたクラスには、慶應、早稲田を狙っている個性的な生徒が多かった。各クラスの中で、毎学期、中間試験と期末試験の成績によって、席替えが行われることは、中学の時と同じである。試験の結果は、廊下に貼り出される。全ては成績によって決まるのである。今はさすがにこういう露骨なことはやっていないと思うが、当時は、生徒の人権など全く考慮されてはいなかった。

授業の内容も、大学入試を優先して行われていたから、とても面白いものとは言えなかった。唯一、興味を持った科目は「世界史」だった。この科目は、北岡さんという名古屋大学の大学院を終えたばかりの若い溌剌とした研究者が非常勤で教えていた。「ああ、これが学問だ」と思いながら、授業を受けた。授業に出てくる国や人の名前、事件名などは、全部、外国語でノートした。クラスメートと二人で北岡さんの下宿を訪ねて話を聞いたこともある。しかし、この世界史以外に、興味をそそる科目はなかった。

数学、とくに幾何は、名人芸のような科目で全くダメだった。微分・積分はなぜかよく理解できた。化学や生物も興味はなかったが、物理は、ラジオの組み立てや設計をやっていたせいか、電気・電子のところはよくできた。全般的に、受験のための勉強には全く関心が持てなかった。しかし、周りはもう完全に受験準備の態勢で、自分の居場所が無くなってきた。

そのころの私は、受験に関係ない文学書、政治、哲学の本、それにこの頃関心を持っていたキリスト教関係の本、とくに内村鑑三や矢内原忠雄の本ばかり読んでいた。聖書の注釈書を購入して、聖書研究に没頭した。一時は、キリスト教の伝道師になりたいと言って、高校を中退しようと思ったこともある。その当時の東海高校の校長は林霊法先生(12)で、この先生が辞めるなと言って下さって高校にはそのまま居続けることにした。しかし、自分の所在すべきところが分からず、精神的には本当に苦しい日々を送っていた。

(12) 仏教寺院の住職。戦前、東大のインド哲学科在籍中、特高に検挙され、拘置所で過ごしたこともある気骨のある教育者、宗教活動家だった。

第二部　一点突破　全面展開

9 米国高校留学

東海高校では、私は自分の居場所を見つけることができず、鬱屈した気分で毎日を過ごしていた。その現実から逃避する方法はないかと模索していたところ、アメリカン・フィールド・サービス（AFS）の交換留学の道があることを知った。これだ（!）、と思って応募した。高校二年の秋、その試験を受け、三年生の夏から一年間、米国に留学することになり、受験体制から一年間「執行猶予」されることになり、「これで救われた」と思った。私の人生は、ここから「一点突破、全面展開」することになる。

こうして、一九六一年夏、米国留学が実現した。行き先は、ニューメキシコ州。アリゾナ州とテキサス州の間にある未開の西部。人口一万二千人のアーティージアという「ど田舎」の小さな町だった。もっとも、石油が出るので、町は潤っていた。ホスト・ファミリーはバンチさん一家。両親と子供四人。父はドクター・バンチ Dr. Bunch と言う医者、母はその町の教育委員長、兄と姉はテキサス大学在学中、シャーロッテが私の同級生、妹は中学生になったばかりのおしゃまな娘だった。ドクター・バンチは、戦前・若い頃、賀川豊彦の講演を聞いて感銘を受け、中国でシュバイツアー博士のような医療伝道師になることを目指して中国語も習得したが、日本と中国との戦争のため、中国に行くことができず、代わりにニューメキシコ州で、原住民（インディアン）やチカノ（メキシコ人）のために尽力することにしたのだそうだ。貧しい人には治療費を請求しないというポリシーだった。夫人の先祖は一六二〇年にメイフラワー号で米国に渡ってきた一〇二人の清教徒の巡礼始祖（Pilgrim Fathers）の一人で、由緒ある家柄の出身だった。非常に知的な一家で、居間にはブリタニカ百科事典があった。こういう家庭に世話になることができて、私は本当に幸運だったと思う。

アーティージア高校

その町の高校・アーティージア・ハイスクールは、一学年一〇〇人位だっただろうか、三学年全部で三〇〇人位の小さな学校だった。私はその三年生に編入した。毎朝、シャーロッテの運転する古いセダンで登校した。（当時、ニューメキシコ州では、一四歳から運転免許が取れた。）帰りは、一人で歩いて帰ったが、一五分くらいしかかからなかった。

とった科目は、アメリカ史、スピーチや英文学、スペイン語（これは聴講）など。そのほか、生徒会 Student Government や、成績優秀者の Honor Society などにも参加した。町の論文コンテストでは、米国の歴史上の政治家の何人かを取り上げて論文を書き、賞をもらった。渡米の前、ケネディ大統領が若い時に書いた『勇気ある人々』（*Profiles in Courage* 米国政治史上の偉人たちの評伝）を読んでいたので、それを下敷きに書いた。州のサイエンス・フェアに提出したのは、数学の「微分」という学問がどのように出来上がったかを、円錐形の模型を使って示すというものだったが、これは州で二位の賞を受けた。（一位をとったのはコンピューターを自作した隣町の高校生だった）。日本では数学劣等生だった私が、米国で賞を受けるなど、信じられないことだった。

スピーチのクラスは大いに役に立った。担当のブレア先生には、発音やスピーチの構成など、細かく指導してもらった。一度、私の原稿を見て、先生は、「ちょっと、こっちに来て」と教室の隅に私を連れて行き、他の生徒に聞かれないように、「アメリカでは、宗教と政治については、デリケートだから、避けるように」と言ってくれた。

英文学の授業はビルドストーンという名の年配の女性の先生だったが、チョーサーからディッケンズまで、色々読ませてもらった。一四西紀の作家・チョーサーの「カンタベリー物語」の冒頭の部分二ページ位を、意味も余り良くわからないまま、中世の英語で暗唱させられた。しかし、これが後で役に立つことになる。

アメリカ史は二年生科目だったが、二年生に混じって、特別にとらせてもらった。米国の独立から南北戦争までは、一年生でやっており、二年生は、南北戦争後から現代までが、その範囲だった。第二次世界大戦のところを勉強した時、先生が、日本ではどうだったかと問うので、「空襲で私の家は焼失し、その後、何年かは家がなく大変だった」という話をした。同情した女の子達の「まあ、可愛そう！」という声が聞こえた。その時、隣の席に座っていた男子生徒・ジムが「僕の父は真珠湾で戦死した」と発言した。教室は凍りついた。次の瞬間、授業終了のベルが鳴って、先生のまとめの言葉もないまま、終わった。

その夜、寝室で号泣した。ジムは、戦争で父親を失ったのだ。それなのに、自分の家族は、誰も死ななかった。ただただ、ジムに申し訳ない、と思った。泣きながら、ホストファミリーの両親に、もうここにいる資格はない、日本に帰らせて欲しい、と言った。両親はびっくりして、アメリカ史を教えているグリーン先生に連絡、教育委員会の人たちにも連絡が行ったようだ。両親は、国がやったことで個人に責任があるわけではないなどと、色々説明してくれて、とにかくこのことは忘れるようにと言ったが、私の中では、この事件が長く尾を引いた。

と、ここまで書いてきて、六〇年後に、今、はじめて気づいたことがある。それは、父親を失ったというその男子生徒ジムは、一九四四年か一九四五年生まれのはずだから、彼の「父親」が、一九四一年の真珠湾攻撃で戦死するということは「あり得ない」ということだ。どうしてあの時、誰もそのことを問題にしなかったのだろう？ 彼は「父」father ではなく「祖父」grandfather と言ったのを、私が聞き違えたのか？ あるいは、父親が戦死したのは、真珠湾ではなく、もっと後のことだったのか？

ニューメキシコに来て、もう一つ、私にはショッキングなことがあった。それは、広島に原爆投下が行われる三週間前の一九四五年七月一六日、最初の原爆実験がこの州のホワイト・サンドというところで行われたということを知ったことだ。今は国立公園になっているこの場所には、ニューメキシコに来てすぐの時期に友人達が連れてきてくれていた。その名の通り、真っ白な砂漠で、幻想的な場所だった。あの美しいところが、最初の原爆実験の場所だったとは！ 高校の図書館で一人その原爆実験のことを調べ、ショックを受けた。

これらのことを除けば、米国での留学生活は楽しいものだった。教会のイベントには積極的に参加したし、毎週のように、ダンスパーティーなどもあった。町のロータリークラブなどに招かれて、スピーチをした。家でも、小さな集まりで、四回ほど、日本歴史の講義をした。資料は日本から父に送ってもらい、スライドを見せながら講義したが、その概要は地元の新聞 Artesia Daily Press に毎回掲載された。

卒業式はキャップとガウンで卒業証書をもらった。プロムという卒業記念のダンスパーティーにも参加した。相手は、ベッキーという大柄の女の子で、大学生のボーイフレンドがいた。彼が嫉妬しないよう、すぐに日本に帰る私なら安心というわけで、私が相手になるよう頼まれて、やや不本意だったが、正装してベッキーとプロムに行った。

このＡＦＳ交換留学の最後にバス・ツアーがあった。テキサスのダラスからワシントンまで、三〇人ほどの他国からの留学生と一緒に、一ヶ月近く大陸横断。大学生のお兄さんが付き添いで一緒だった。毎日、ホームステイ、行く先々でホームパーティーを開いてくれたが、夕食がどの家庭でもハンバーガーのバービキューだったので、最後の方ではもう食傷気味だった。

ニューヨークでは国連本部を見学。総会議場や安保理の議場などを見て回った。ニューヨークでの宿泊先は、国連の近くにあるＡＦＳの本部だった。一八年後、私は国連で働いていたが、毎朝そのＡＦＳ本部ビルの横の道を通って通勤していた。高校生の時、すでに自分の将来が「予定」されていたかのように思え、何か、不思議な感じだった。

ケネディ大統領

バスツアーの最後はワシントンDC。二千人近いAFS留学生がホワイトハウス・サウスローンに招かれ、ケネディ大統領が私たちに話しかけた。一九六二年七月一一日のことだ。大統領が問いかけた。「ヨーロッパからきたのは？」すると、ヨーロッパの留学生が一斉に、「わあーっ」と声を上げた。「では、アジアからは？」われわれが同じように声を上げた。南米、アフリカと続いた。その後、大統領は、一呼吸置いて、「イギリスから来ているのは？」と聞いた。イギリスの生徒達が、特別に指名されたことに感激して、大きな声を上げたが、他の国の生徒達は、みな「なぜ、イギリスだけ、特別待遇なの？」と不満で、ブーイングが起きた。すると、大統領が「君達イギリスの祖先は、一八一四年にこのホワイトハウスを焼き払ったんだ」と言った。一八一二年からの米英戦争で、ホワイトハウスはじめワシントンは英国の焼き打ちにあったが、大統領はこのことに言及したのだ。それで、みなどっと笑い、やんやの喝采。これで、われわれ全員、ケネディ大統領の熱烈なファンになった。

その夜、ワシントンのホームステイ先の家のテレビに、多くの留学生に囲まれて握手しているケネディ大統領の姿が映し出された。解説者が、大統領の身の安全をもっと考えるべきだと言っていた。私たちは一様に「あの解説者、心配しすぎだよね、大統領を傷つけようとする人なんて、いるはずないのに」と思った。その翌年、ケネディ大統領が、ダラスで悲劇的な暗殺に遭遇するなどとは、誰も想像できなかった。

ケネディ大統領は、その一年後、一九六三年六月一〇日に、アメリカン大学の卒業式で、演説した。ダラスで暗殺される数ヶ月前のことだ。大統領はこの演説で、ソ連との間で「部分的核実験禁止条約」（一九六三年八月五日署名）の交渉が進んでいることを明らかにし、演説の最後を、次の有名な言葉で結んだ。「われわれは、共通の利益 common interest に目を向けなければならない、結局のところ、われわれの共通のリンク common link は、すべての人が、この小さな地球に生きているということ、そして、われわれはみな、同じ空気を吸って生きているということ We all breath the same air である」。私はこのケネディ大統領の演説を、五八年後、国連国際法委員会（ＩＬＣ）の特別報告者として「大気の保護」の最後の審議が行われた際（二〇二一年四月二一日）に引用して、各委員に私の提案への支持を訴えた。

アメリカ留学が本当に楽しかっただけに、帰国後は復学した東海高校になじめず、もちろん成績も一層悪くなっていた。英語の試験でさえも一番にはなれなかった。悔しいというよりも「受験英語」の馬鹿馬鹿しさに呆れた。ひたすらアメリカの友達からの、それにバスツアーで一緒だったドイツの女友達・ビアーテからのエアーメールを待つ日々。とても受験勉強に打ち込む雰囲気ではなかった。もう立派な「落ちこぼれ」だ。父からは、一年余分に高校に行ったのだから、浪人は絶対にダメと言われていたし、自分でも浪人するつもりはなかった。もう完全に行き詰まった。

ＩＣＵ受験

ところが、「捨てる神あれば、拾う神あり」。ある時、入試の資料集を見ていたら、国際基督教大学（ＩＣＵ）の受験案内で、「本学の入試の場合、特別の受験準備は必要ありません」とあった。まだ創立一〇年の新しい大学だったが、ＩＣＵの入試は、「読解力テスト」といって、まず長論文を読ませ、それを回収した後、その論文内容について択一で答えさせるというものだった。「これだ！」と思った。本はそれまでよく読んでいたので、この試験方法は、まさに私のために作られたもののように思われた。

東海高校の受験重視の教育から落ちこぼれた私だったが、ＡＦＳの留学や、ＩＣＵ受験で「逃げ道」を見出していたことで助かった。現在、この高校でどのような教育が行われているのか、具体的なことは知らないが、基本的には、私の頃と変わりないのではないか。最近（二〇二二年一月）、東大の門の前で、東海高校の生徒が受験生など三人を刃物で刺すという事件があったが、やりきれない気持ちになった。東海高校だったら、ありうる事件のように思われたからだ。今回の事件について東海高校は声明を出したが、「コロナで蜜を回避する必要から生徒間の分断が進み、それが今回の事件の背景にある……」などど、コロナ禍のせいにしているようだ。自分達の教育のやり方に原因があるという自覚・反省が全くないことに、腹立たしさを覚える。

ＩＣＵの一次試験は、予想通り通過、二次試験は英語と日本語で面接。米国の高校に留学中、どんな科目を取ったかとの質問で、「英文学など」と答えると、どんな作家の本を読んだのかと聞かれた。そこで、チョーサーの名を出し「カンタベリー物語」の冒頭部分を中世英語で復唱すると、その試験官の先生（後で知ったが、英文学教授の小林先生だった）は、びっくりしていた。こうして、ＩＣＵに合格することができた。

国際基督教大学に行くことになったと伝えると、高校の同級生の多くは「村瀬君は牧師になるんだね」と言った。大人の人は、そんな大学、聞いたことない、という人が殆どだった。「卒業後は大学院に進む人が多いようです」と言うと、同情を禁じ得ないという表情で「つまり、その大学を卒業しても、就職できない、ということだね」と反応する人もいた。

10　大学生活

こうして私は、一九六三年四月、国際基督教大学（ＩＣＵ）教養学部社会科学科入学した。ＩＣＵは創立一〇年余りで、小さいながらも活気に溢れていた。当時、全学の学生数千人程度、教員と学生の比率は一対一〇以下で、先生には何でも質問できた。半数近くの学生がキャンパス内の寮で生活していた。私も男子寮の部屋で、三人の上級生と一緒の部屋だった。先生達の多くもキャンパス内の住居に住み、学生達もよく先生達の自宅に押しかけていた。家族的な雰囲気の大学だった。小学校入学の時と同じように、同級生の中では年長者としての利点があった。浪人してＩＣＵに入る人は殆どいなかった。私は高校三年生を二回やった上に、四月四日生まれだったので、入学時には、大半の同級生がまだ一八歳だった中で、私はすでに二〇歳になろうとしていた。ＩＣＵの一年目はほとんど英語教育に充てられていたが、私は高校留学していたので、英語の授業は大半免除された。そのため、一年目から、概論とか総論などの名がつく専門への基礎的な科目をとることができた。勉強は面白くて仕方なかった。クラスで良い報告をすると、「ムラセ君、すごーい！」と褒めてくれる女子学生も沢山いた。

だが、挫折するのも早かった。夏のはじめ、初めて本当の恋をした。同級生の女の子だった。秋になって失恋した。自分が全否定されたように感じ、もう、完全に生きる意欲がなくなった。この時は、本当に死のうと思った。しかし名古屋に帰り、何日間か過ごしているうちに、なんというか、一つ、大きな区切りがついたような気分になってきた。両親や先生・友人たちには相当の心配をかけたと思うが、ＩＣＵに戻った時には、もうこの事件は私の中ですでに「過去の事」となっていて、立ち直りも早かった。

二年生になると、いよいよ専門のコースを決めなければならなかった。社会科学科の分野では、二人の教授が輝いて見えた。一人は国際経済学・数理経済学の福地先生で、経済企画庁のブレインを務めていた。もう一人は国際法の山本先生で、外務省でアドバイザーを務めていた。まず、福地先生の授業に行くと、最初からグラフや数式が次々と黒板に書かれて行って、全く理解できなかった。それで、残された道は、もう山本先生しかない、ということになった。

山本草二先生

山本草二先生(13)（一九二八－二〇一三）の最初の授業を聞いた時（一九六四年春）の衝撃は、未だに忘れられない。颪を切るように教室に入って来て、背広の上着をさっと脱ぎ捨てると、激しい河の流れのように、講義を始めた。一コマの授業の間に黒板を何往復もするダイナミックなものだった。欧米における最新の研究成果を取り入れながら、大学院レベルの高度な内容で、情熱と緊迫感に溢れた授業だった。毎回、ノートは一〇頁にもなり、授業の終了後には、質問する学生の長い列が出来た。授業の準備に、毎回、最低六時間はかけると、後に仰っていた。

私は必死でノートをとった。先生の助言に従い、ノートの左側には講義の内容を、右側には自分で調べたことを書くようにし、授業が終わると右側には、教科書（高野雄一『国際法概論』）に照らして、授業の内容を補充した。女子の一年先輩がノートを見せて欲しいというので貸したら、女子寮の多くの学生に回覧されたという。期末試験では、授業にも出ていないその先輩が私のノートでＡを取り、私の成績はＢだった。何か、不条理を覚えた。山本先生は「俺の言った通りのことを答案に書くやつには、Ａはやらない」と言っていた。次の年も、その次の年も、つごう三年間、山本先生の同じ講義に出て、ノートを補充した。先生の講義の内容は、毎年、新しい研究成果が付加され、少しずつ違っていた。

山本先生は、授業で、「国際法は冷酷な法だ」、そのことを忘れてはいけない、と言われた。それは、国家というものが冷酷な存在だからだ。したがって、国家間の法としての国際法が、人道的な法であるわけがない。「国際法の人道化」というスローガンがはびこっているが、そんな言説に惑わされてはいけない、と。こうした先生の見解は、国家に裏切られた先生自身の戦前の体験に基づくものであろう。「冷酷な法」という先生の言説は、私に強い印象を残した。

私が国際法の解釈論に関心を持つようになった淵源は、高校時代の聖書研究にあったような気がする。高校生の頃、前述のように、私は内村鑑三の無教会主義に関心を持ち、彼の本をむさぶるように読んだ。無教会主義の人たちは、何よりも聖書の研究を重視する。私は、内村の弟子だった黒崎幸吉による『註釈・新約聖書』(立花書房、一九二八年初版、一九五九年一七版)で新約聖書の勉強をしていた。

たとえば、「マタイ伝」五章一三に、イエスが弟子たちに「汝らは地の塩なり」と述べる場面があるが、黒崎は、その註釈で次のように述べる。「……基督者は種々の意味において、塩に似ている。第一に塩は人間の生命を維持するに欠くべからざる養分であると同じく、この世に基督者なくしてその霊的生命は永く維持せられない。第二に塩は食物に味を与えるのであって、この社会を基督の教えが如何に美化したかは人皆之を知っている。第三に塩は物の腐敗を止むる力を有っている如く、基督者はこの社会や国家の良心となってその腐敗を止めたこと幾何であるかを知らない。第四に塩はそれ自身のみでは何人も之を食うことが出来ない。かくの如く基督者は多くの人々に敬遠されている。第五に塩はそれ自身の形体を他の食物の中に浸み込ませて自己を表さない。しかもその物に味を与える。基督者も自己の行動を人に誇示しないけれども世を潔める力がある。」（同書 二九頁）

私は、この註釈に魅了された。黒崎は、まず「塩」の物理的特性を指摘し、そこからこれを敷衍して、イエスの言葉の宗教的意味を明確にしている。その解釈過程が、私にとっては極めて興味深かったのである。山本先生の講義を聞いたとき、法の解釈が、こうした聖書解釈と大いに類似していることに気付いた。聖書学も法学も「規範の学」であり、歴史的に見ても、西欧において、法学は神学から分化した学問だから、驚くことではない。近代国際法も、一七世紀にそれが成立した頃は、神学的な自然法が主流であったが、一八世紀以降その「世俗化」が進み、現在では、もとより、キリスト教とは無縁の存在である。それにもかかわらず、国際法とキリスト教は、深いところで繋がっているように思われた。条約の解釈には、文理解釈、文脈による解釈、目的論的解釈、事後の合意・実行による解釈や統合的解釈などの技法がある（ウイーン条約法条約 三一条）が、現代におけるこうした条約の解釈技法も、多くは聖書学の伝統にその淵源を持つもののように思われる。

ＩＣＵではキリスト教活動にも力を入れて、夏休みの「修養会」の責任者をしたこともある。その頃、日曜日には、登戸で行われていた無教会の伝道師・高橋三郎先生の講話を聞きに行った。その頃の私は、高橋先生に心酔していた。修養会の講師に、高橋先生をお願いしたこともある。同時に、秋田先生が毎週行っていた旧約聖書の勉強会にも参加した。高橋先生は革命家のようだったが、秋田先生は本当の学者だと思った。高橋先生は駒場の東大教養部で非常勤講師としてドイツ語を教えていたが、肩書きにはいつも「東大講師」と書いていた。秋田先生などは、単なる非常勤講師に過ぎないのに、「東大講師」を名乗るのはいかがなものかと批判していた。ＩＣＵには個性の強い先生が集まっているな、という感じだった。

一九六四年の夏休みには、三年前に米国ニューメキシコ州でお世話になったホスト・ファミリーのバンチさん一家が日本に来た。ドクター・バンチは、戦前、「日米学生会議」で日本に来たが、ＮＨＫのラジオ英会話の講師だった松本亨先生も同じ会議に出席していたと知り、松本先生に連絡、東京のホテルで二人を三〇年ぶりに再会させることができた。私と同学年のシャーロッテだけは先に日本に来て、北海道で行われたワークショップに参加した。そこで彼女は香港からの参加者である男子学生に深く影響されて、目から鱗の大変身を遂げ、ラジカルな左翼になった。一家を、東京、日光、鎌倉、名古屋、京都を案内した。この前年、通訳ガイドの国家試験に合格していたので、ガイドの免許を持っていて、便利だった。この年、東京五輪があったが、私は全く関心がなかった。因みに、二〇二一年の五輪にも、同様に、私は全く関心がなかった。

(13) 山本先生は二〇一三年九月一九日に逝去された。以下は、その葬儀における私の弔辞からの抜粋である。http://s-murase.blog.jp/?p=12

国連派遣賞

大学三年生の時、国連二〇周年を記念する毎日新聞と日本外政学会の共催による論文コンテストがあった。優秀賞として五〇人にそれぞれ一万円が出るという。家から毎月送金されてくる生活費が一万五千円だったから、一万円はかなりの臨時収入になる。そこで、論文(「国連二〇年の歩みと将来の展望」)を書いて送ったら、五〇人の中に入って一万円が送られてきた。五〇人のうち、上位三〇人を六本木の国際文化会館に集めて、一週間、国連に関するセミナーが開催されるとのことで、その三〇人の中にも選ばれた。このセミナーには、東大、京大、一橋、早稲田、慶應など、主要な大学の学生が参加していた。国連職員の明石康さんや東大の寺沢一(はじめ)教授などが講師として講義を行った。また、参加者は一五人ずつ二組に別れて、それぞれ論文を共同で作った。私は三年生だったが、四年生の人たちも多かった。この共同作業の過程で、他の大学の学生たちの実力が大体分かり、自分の力もそんなに低くはないと自信を持った。最初は見下したかのような態度をとっていた東大の四年生が、段々と私に敬意を示してくれるように変化してきたことにも気づいた。

セミナーの後半、この三〇人の中からさらに一〇人の候補者が発表され、一人を選んで国連に派遣するという。私は、この時、もう少しのところで、チャンスを逸するところだった。残った一〇人は、もう一日、滞在を延長せよと言われた。夏休みなので、ICUの寮は閉まっている。それまでの一週間は遠い親戚の家に泊めてもらっていたが、その家に、もう一日泊めて下さいということはできない状況だった。当時、私には、ホテルに泊まるという発想はなかったし、そのお金もなかった。米国にはすでに高校の時に行っているし、国連も見たので、無理して行くこともないと考えた。そこで、外政学会のディレクターをしていた清水先生に「今晩泊まるところもないので、明日の試験は棄権します」と伝えた。すると、先生が自分の弟子の院生を呼び、「君のところで村瀬君を一晩泊めてくれないか」と頼んでくれた。そのお陰で、私は翌日行われた英語や面接の試験を受けることができ、国連派遣賞に選ばれることになった（私の論文の要約は、一九六五年九月一六日の毎日新聞夕刊に掲載された。村瀬信也『国際法論集』二八九―二九二頁に再録）。清水先生やその院生の人の好意で、私はチャンスを掴むことができたのである。

「国連派遣賞」を与えられて一九六五年一二月、国連を訪問した時は、まず明石康さんをオフィスに訪ねて色々と話を聞いたほか、事務次長だったラルフ・バンチ博士にも会うことができた。バンチ博士は、一九五〇年にはノーベル平和賞を受けていた。彼に会うために国連ビル三八階でエレベーターを降りると、廊下全体にベージュ色の厚いジュータンが敷き詰めてあり、入り口には守衛が控えていて、その雰囲気に圧倒された。事務総長の隣の部屋がバンチ博士のオフィスで、黒い服を着た美しい秘書の人が笑顔で迎えてくれ、彼女がさっと差しのべてくれた手を、私はすっかり上気してぎこちなく握り返した。バンチ博士は大柄で堂々としており、その威厳の中に限りない優しさが感じられた。会った途端、私は、事前に何も質問を用意してこなかったことに気づき、慌てた。咄嗟に「ここで何をしているのですか What are you doing here ?」と質問したら、バンチ博士も驚いた様子で、大笑いしながら「それはなかなか良い質問だ」と言って三〇分にわたり、パレスチナ問題など彼の活動について解説してくれた。最後に「私も国連で働きたい」というと「それはいい考えだ。しかし、まず、大学院に行って、学位を取ってから応募するように」と助言された。「きっと将来、国際公務員になろう」と心に決めた。（バンチ博士は一九七一年に他界）。

国連訪問の後は、米国各地を旅行し、高校で留学していたアーティージアにも「凱旋」し、懐かしい高校の講堂でスピーチをした。

卒業論文

四年生になった時、山本先生の卒論指導を受けた。私は、テーマを「自衛権」とし、一九六三年に出版されたブラウンリー Brownlie の『国際法における武力行使』*Use of Force in International Law* という英語の本を丸善で見つけて購入していた。これは私が買った英語の国際法の本の最初のものだ。これを読んで、卒論のアウトラインを作った。一〇人位の学生が卒論指導を受けるために、先生の研究室の手前の秘書の部屋で並んで座っていたが、誰も私ほど進んでいる者はいないようだった。私の番になった時、先生は私のアウトラインを見て、どんな本・論文を読んだかと質問されたので、ブラウンリーの本などを挙げた。先生は、「ふん、そんな程度か」と言ったきり、それ以上、何も言わない。回転椅子をくるっと回して窓の外を見ているだけ。私は取り付く島もなく「また出直してきます」と言って、先生のもとを辞した。

私のすぐ後に指導を受けたのは、女子学生で、「せんせー、あのー、わたし、世銀についてやろうと思うのですが、何をやったら良いか、まだ分からなくて……」と甘えた声で言った。白い紙には「世界銀行」とだけしか書いてなかった。山本先生からは、「バカやろー！」という怒号が聞こえるかと思いきや、「それなら、こういう本を見たら良い」などと親切にアドバイスしている。以前から、山本先生は、男子学生に厳しく、女子学生に甘いと言われていた。のちに、山本先生は、「俺は、見込みがあると思った学生には、厳しくしている」とも言っていた。私に見込みがあると先生が思っていたかどうかは定かではない。恐らく、そうではなかったのではないか。誰かから聞いたのだが、山本先生は、「野村（彰男）君は、大学院に行かないのか。村瀬君が、大学院に行くのか」と聞いたそうだ。この「は」と「が」の違いは、決定的である。いずれにせよ、この時点で、私は、大学院に進学するなら、山本先生からは逃亡して別の大学に行かざるを得ないと思った。山本先生は、私には、厳しすぎて、とても耐えられそうにはなかったのだ。

しかし、とにかく、卒論だけは立派なものを書いて卒業したいと思った。冬になって、初稿を提出した。表題は「現代における自衛権行使の合法性と正当性」。私の論旨は、国連憲章二条四項の武力行使禁止規定は実体法上の規定であるのに対して、憲章第七章は紛争処理の手続法であり、五一条の自衛権規定は、その第七章の最後の規定でもあり、「手続法の例外規定」として捉えられなければならない、従って、手続法たる第七章が発動されていなければ、自衛権も主張できない、というものであった。山本先生のコメントは、「考え方としては面白いが、実証性に乏しく、論旨は浮き上がっている」というものだった。私としては自信作だっただけに、このコメントは受け入れ難いと思い、そのままの形で、最終原稿を提出した。この論文もまた、成績はＢだったのではないかと思うが、確認できなかった。この年の晩秋、大学紛争の季節が始まっていた。学生たちによる大学本部の占拠があり、卒業式が行われず、卒業証書は送られてきたが、最後の成績表は送られてこなかったのである。

就職するつもりはなかったが、大学院に行けるかどうか分からなかったので、一応、毎日新聞社と共同通信社を受けて、どちらも合格した。共同通信の二次試験の作文の問題は「ふるさと」だった。この作文は、私が書いた短文のうちで、最も優れたものではなかったかと思っている。現代人は、都市化の下で、ふるさとを喪失しつつある、と述べ、魯迅の『阿Q正伝』の最後の言葉（「子供を救え！」）に倣って、「ふるさとを救え！」という言葉で締めくくった。毎日新聞には前年の論文コンテストで、安保（あぼ）さんという事業部長を知っていたので、合格通知をもらった後、その方に会いに行き、話を聞いた。新聞記者になると、最初の五年はどこかの警察署の担当になり、毎晩、刑事と酒を飲んで、特ダネをつかむのが仕事で、酒で体を壊す人も多いということだった。私は酒を一滴も飲めない体質なので、新聞記者は向いてない、と諦めることにした。もっとも、同級の野村君は朝日新聞の記者になり、ジャーナリストとして大成功を納めたが、彼も酒は一滴も飲めない。

四年生の最後の二月、東大の大学院入試を受けた。応募には推薦状が必要だったが、山本先生には怖くてお願いに行く勇気がなかった。それで、学長の鵜飼信成先生（憲法）にお願いした。国際法科目の試験問題は「国際法史における自然法学派の役割」というもので、私は「しめた！」と思った。これまでの大学院入試で、こんな問題が出たことはなく、他の学生達はため息をついて、ほとんど何も書けなかったようだ。私は、卒論の中で、自然法時代の自衛権と実定法主義の時代の自衛権概念を対比する章を、すでに書いていたのだ。「グロチウスは絶対主義の自然法を書いたが、ヴァッテルは自由主義の自然法を書いた」という有名な言葉を最初に引用しつつ、上位法としての自然法の特質を論じた。他の試験科目、憲法も、行政法もそれなりに書けたし、英語は全く問題なかった。東大から合格通知が届いたが、山本先生に報告する勇気がなく、黙っていた。先輩の一人が、「それはマズいよ」というので、やっと震える声で先生に電話した。先生は「うん、高野先生から聞いている。政治論は避けて、あくまで実証的にやるように」というアドバイスを頂いた。こうして、私は、一九六七年春、ＩＣＵを卒業し、東京大学の大学院・法学政治学研究科に進むことになった。

11　大学院時代

東大の大学院では高野雄一先生が指導教授になって下さった。山本先生と違い、本当に「優しい」先生だった。ＩＣＵで山本先生から「大学院レベルの国際法の授業」を受けてきたので、東大大学院の授業は「かったるい」感じだった。東大から大学院に進んだ田中忠という親分肌の先輩がいた。みな彼のことを「タナチュー」と呼んでいた。彼は、(その頃ＩＣＵからは数人の院生がいたが)「ＩＣＵから来たうちで、お前だけは見込みがある」と言っていた。博士課程にはタナチューを含めて三人の優秀な人がいたが、この三人の間の確執はなかなか激しいものだった。私は躊躇せず、タナチューの子分になった。

修士論文のテーマに、私は「経済開発協定における主権概念の発現形態」を選んだ。京都の田畑先生などが、「コンセション協定の破棄と国家責任」と言う論文を書かれたりしていたのだが、高野先生からは、「国家と会社との間で結ばれる協定が国際法なの？」という質問が来たりした。私としては、当初は国内法に基づく「私契約」ないし「行政契約」だったものが、次第に、国内法の規律を離れて「法の一般原則」を適用法規とする「準国際法的協定」となり、さらには国際法上の「条約」になっていくという過程を叙述したかったのだが、高野先生を納得させるには至らなかった。だが、この論文は、後に私の主要な仕事となる「国際立法」に繋がるものとなる。

一九六八年一二月二〇日が論文提出期限。その前の半年くらいは殆ど大学にも行かず、三鷹の下宿にこもって論文を書いていた。だから、医学部から始まった東大紛争が、全共闘の結成とか、安田講堂その他の大学施設が次々と占拠されていったことは、新聞報道でしか知らなかった。その日、久しぶりに大学に行き、論文を提出して、研究室の前に出ると、学内は騒然としていた。学生たちのデモ隊が前を通り過ぎる。するとそのデモの中にヘルメットをかむったタナチューがいた。「村瀬、お前も入れ！」と言われて、そのままデモに合流。いつの間にか、私も東大全共闘になっていた。私は左翼でも新左翼でもなく、「ノンポリ」に過ぎなかったが、当時、学生達が提起していた問題には、なんとなく同調していた。研究室の助手・院生の多くも全共闘シンパだったので、私だけが特に突出していたわけではない。研究室の中で、タナチューを孤立させてはならない、というのが私の唯一のポリシーだった。タナチューは六〇年安保の時の全学連・ブントの闘士で、全共闘の中でも、昔の仲間と一緒に、指導的な地位にあったようだ。

修士論文の面接試験の結果は、高野先生の言葉によれば「限りなくＡに近いＢ」ということだったが、Ｂであることに違いはなかった。ま、Ｂ以上であれば博士課程に進めるので、よしとしなければならない。

12　全共闘運動

ある小さな闘争宣言

その頃、寺沢一教授の国際法のゼミで、同教授が私に対して「君のような者には、就職の世話はしない」と言った。なぜ、そういう発言になったかについては記憶が定かではないが、日毎に深刻さを増していた東大紛争について、何か私が教授の逆鱗に触れるようなことを言ったからに相違ない。当時、寺沢教授は、加藤一郎総長を支える大学執行部の一員だった。寺沢教授の「就職の世話」発言を聞いて、私は憤然と席を立った。家に帰っても、怒りがおさまらず、体が震えた。そこで、模造紙の半分位の大きさ（横八〇センチ×縦五〇センチ）の紙に、「ある小さな闘争宣言」と題し、実名で寺沢教授糾弾の文章を書いた。翌日これを法学部研究室の前に張り出した。その頃は、このような告発文が各学部で色々出されていたので、とくに大きな注目を集めるとは思わなかった。しかし、法学部で、法学部教授を告発するという例は初めてだったたし、「就職の世話はしない」と言う発言は、教授がいかにも「生殺与奪」の権利を院生や学生に対して持っていると言うに等しいということから、予想もしない大きな問題になった。

私の告発は、法学部の人たちの同情を集めたと思われる。反対に寺沢教授は、その助手論文（「血讐論」）こそ優れたものだったが、その後は殆ど論文も書かず、教授会の中でもあまり評判が良くなかったようだ。全共闘運動に呼応し法学部の大学院では「法共闘」という組織ができていたが、どちらかというと全共闘の「行き過ぎを止める」役割を担っており、法学部の教授会も、その法共闘に期待する部分もあったようだ。大学のかなりの学部の建物が学生に占拠されていたが、法学部の研究室だけはそれが避けられると思われていた。しかし、私の書いた「ある小さな闘争宣言」は、全共闘が法学部研究室を占拠する一つの正当性を与えてしまうことになった。

高野先生のゼミで、私はその成り行きを説明し、「もう、大学院は辞めさせて頂きます」と宣言した。高野先生は黙って私の話を聞いていたが、「村瀬君が辞めると言うなら、私は引き留めない」と言われた。別に引き留められることを期待していた訳ではないが、「あーあ、これで高野先生にも見放された」と思った。しかし、その後、先輩の田中さんを通して、高野先生は「辞めることはない」と言っていると伝えられた。「それじゃ、しばらくは、ここに居続けよう」ということにした。

もとより、寺沢教授は、善人である。私としても、個人的な恨みがあったわけでは毛頭ない。ただ、ゼミで議論していても、国際判例の理解などはほとんどなく、時事問題が中心だった。評論家かジャーナリストなどの方が向いている人だったと思う。ある時、新聞記者から、「先生は色々な政党機関紙に寄稿しているが、やや節操に欠けるのではないか」と批判された。その時の寺沢教授の返答が面白かった。「私が動いているのではなく、天、つまり世の中、が動いているからで、私自身は不動だ」と弁明していた。これは当時、「寺沢天動説」として、有名になった。

法学部の学部生の間では「法闘委」という組織ができていた。仙石由人という学生が、彼の属していた坂本義和教授を批判する文書を、私の「ある小さな闘争宣言」の近くに、立て看で出していた。仙石氏は、民主党政権の時代、官房長官だったが、法共闘のかつてのメンバーが、何人か、この政権にブレインとして参加していたようだ。その頃、私自身は、安倍政権の下で「安保法制懇」に関わるなど、もっと保守的な立場に変わっていたが、私自身の中では一貫している。寺沢教授ではないが、世の中が変わったためであり、私自身は不動だとの「天動説」に共感している。

あらかじめ全共闘と法学部教授会の両者の間でシナリオが合意されていたのだろう。教授会メンバーが研究室前に並び、占拠を阻止する構えを象徴的に見せる中で、全共闘の学生たちがそれを突破して占拠するという儀式だった。丸山真男教授だけが本気で体を張って全共闘の学生に対峙している姿が、私には印象的だった。われわれ大学院の「法共闘」は、近くの、少し離れた場所から、その光景を複雑な思いで見ていた。

大学闘争のころは、全共闘が占拠した安田講堂にも出入りしていた。その壁に落書きがあり、「連帯を求めて、孤立することを恐れず」とあった。誰が書いたか知らないが、うん、これこそ自分の生き方だと思った。この言葉は、二〇一三年の私の国際法委員会に関する論文の最後にも引用した(14)。

その頃、ＩＣＵ時代に聖書集会に参加していた高橋三郎先生に会う機会があった。「東大講師」の肩書きを使っていた先生である。高橋先生は、私が東大闘争に関わっていることを知ると激怒され「君は光を避けて生きている」と批判された。一度は、高橋先生に心酔していた私だったが、これで先生との関係は切れた。そして、この時点で、私の、キリスト教との関係も切れることになったように思う。

(14)　村瀬信也「国際法の規範形成における国際法委員会の役割 ―― 課題選択を中心に」国際法外交雑誌一一二巻一号（二〇一三年五月）二九頁。

博士課程

私は、こうして一九六九年四月、博士課程に進学した。東大では、その後、安田講堂での機動隊との戦闘を経て、全共闘運動は押し潰され、大学は徐々に「正常化」されていく。私は、博士課程に在籍し、ゼミにも出てはいたが、余り積極的ではなかった。安田講堂などで逮捕された学生に対する「法律救対」が組織され、東大裁判闘争を支援するために、弁護士の指示の下に協力した。これが、私の最初にしてほとんど唯一の「実務経験」だったと言えよう。

学生の中には機動隊の催涙ガスで傷ついた者もいたので、私は「国際法における催涙ガス」と題する論文を書き、機動隊の用いた催涙ガス（CNガス）は、国際法で禁止されている毒ガス類似のガスに該当する、と論じた。その後まもなくして、政府は一九二五年の毒ガス禁止ジュネーヴ議定書を批准することを決め、国会に提出した。社会党の楢崎弥之助という国会議員（国会の「爆弾男」との異名をとっていた）から、私の書いた論文について聞きたいことがあるという連絡を受けた。議員会館に行くと、会うなり楢崎議員から「先生」と呼ばれた。アルバイトの家庭教師で教えていた小学生とその保護者を別とすれば、私のことを「先生」と呼んでくれた最初の人だ。「いいえ、まだ院生でしかありません」と言いながらも、気をよくした私は、この議定書の起草過程を説明し、政府の公定訳の不適切を指摘した（「致死性ガス」の後の後に「その他のガス」と訳すか「類似のガス」と訳すかの違いが焦点だった）。その後、国会で、楢崎議員が、政府委員を厳しくやり込めながら追及したことが、議事録で分かった（一九七〇年五月一二日国会承認）。

このほか、東大紛争の過程では、外国人留学生が巻き込まれて日本から強制退去になる事案が生じた。その後まもなく、入管問題が日本全体の大問題になった。その頃、法務省の役人を除けば、出入国管理法（入管法）の専門家は殆どいなかった。入管法はまさに法学の「隙間」（ニッチ）だった。そこで、東大法共闘の名で『告発・入管体制』（亜紀書房 一九七一年）という本を、憲法・行政法・刑法などを専攻する法共闘の他のメンバーと一緒に短時間でまとめた。この本がよく売れたので、同年、『入管体制資料集』（亜紀書房 一九七一年）も出した。

それ以降、ヘルメットのガチャガチャしているような新左翼のいくつかのグループで、入管法について講義や講演を頼まれることもあった。これなら、ひょっとして、評論家としてやっていけるのではないか、という幻想を持ったこともある。しかし、ある時、五〇歳過ぎの、有名な左翼評論家を訪ねる機会があった。その人は、本が乱雑に積み上げられた六帖一間の部屋で生活しており、いかにも貧しそうなその暮らしぶりに、定職のない評論家というものが、いかに過酷なものかを見る気がした。自分にはとても耐えられそうにないと、評論家になろうという気持は完全に失せた。

当時はベトナム戦争が激しく戦われていた。高校留学時代の同級生・シャーロッテ・バンチは、ワシントンで、反戦運動の闘志として活躍していた。米国人でありながら、北ベトナムに招かれ、ホーチミン主席とも会っている。その帰途、彼女は東京に立ち寄った。次の年も東京に来て、彼女が米国で始めたウーマン・リブについて、何箇所かで講演を行った。私がその通訳をした。こうして日本でもウーマン・リブの運動が本格的に始まった。私もこの頃は、「ベ平連」（ベトナムに平和を！市民連合）の運動に関わり、とくに「外人ベ平連」では通訳として協力した。

夏休みには、タナチューの紹介で、東大学力増進会（東大学増）の夏季講座で四〇人ほどの中学生に英語を教えた。私は、ボブ・ディランのBrowing in the Wind(15)という反戦歌を黒板に書き、中学生たちに歌わせた。この「東大学増」では、多くの東大全共闘の人たちが収入を得るためにバイトをしていた。東大入試の予備校のようなもので、全共闘の理念と真っ向からぶつかるような仕事で、余り感心しなかった。私は一回限りでやめた。その後、「東大学増」は、東大当局から、「東大」の名前を使うことは認めないと言われ、「Z会」と名称変更したようだ。

そうこうしているうちに、博士課程も二年目の半ばを過ぎようとしていた。あと一年少しで、奨学金が終わる、そのことに気づいて、何とかしなければいけないと考えた。「大学解体」を叫ぶ全共闘の一員だった者として、もはや、大学に残るということは、到底、考えられなかった。しかし、それまで投げかけてきた大学や社会に対する批判を、自分の研究の中で完結したいという欲求が日増しに強くなってきていた。そのため、博士論文だけは、何としても書き上げて大学院を終わりたい、と願った。自宅に電話がつながっていると呼び出されるので、電話線を切断して、半年余り、論文執筆に集中した。

「最恵国条項論」というのが、私の博士論文の表題である。コンセション協定を題材にした修士論文のとき、高野先生から、「これは国際法ですか?」と疑問視されていたので、博士論文では、国際法上の制度として疑いのないテーマを選ぶことにしていた。国連国際法委員会や万国国際法学会でも最恵国条項がテーマとして取り上げられていたし、国際社会における「法と経済の関係」という、私のかねてからの問題意識にも深く関係している。何よりも、処理可能な小さなテーマなので、半年でまとめられるだろうという見通しもあった。一一世紀から始まる最恵国条項の歴史と現代的展開および関連の国際判例を「権力性と機能性の相剋」という視角から分析しようとするもので、一一月末日の期限までに一応完成することができた。大学院で後輩の奥脇君と小森君が清書を手伝ってくれた。

(15) "How many roads must a man walk down, before you call him a man? .... The answer is, my friend, is browing in the wind, The answer is browing in the wind."

法学博士

高野先生の研究室に行き、出来上がった論文を先生の机の上にドンと置いて「これで提出させて頂きます」と宣言した。私としては、合格するかどうかは、もう、どうでも良かった。一週間くらい経った後、研究室の裏口で、バッタリと高野先生にお会いした。先生は「君の論文、まだ、ダメ、ということになった訳ではない」と言われた。高野先生は冗談を言うような人ではないので、ああ「限りなくダメ」ということか、と思った。しかし、その後、審査委員会が設置され、面接試験の結果、博士号を取得することが決まった。法学部事務局の人が、「三年で論文を完成させて期限に間に合った人は珍しい」と褒めてくれた。学位記は、前年までは縦書き・毛筆だったが、この年から横書きになり、私の名前は、金釘流のヘタクソなペン字で書いてあった。お前の博士論文はこの程度のものだと言われているようだった。（博士論文は、国際法外交雑誌や立教法学、ジュリストなどで逐次発表し、三〇年後、村瀬信也『国際法の経済的基礎』（有斐閣、二〇〇一年）に纏めて再録した）。

こうして一九七二年三月、博士の学位をとったが、どこかの大学から就職の話があるわけでもなく、浪人生活が始まった。観光ガイドの免許を持っているから、旅行社にでも就職しようかと思案していると、またしても「拾う神」が現れた。立教大学から、連絡があり、身体検査に来てほしい、とのこと。もとより、私の知らないところで、高野先生が働きかけてくれていたのだ。

あとで知ったことだが、立教大学法学部にも事情があったようだ。同大学は一八七四年創立の由緒ある大学だが、法学部の創立は一九五九年、東大法学部の元教授たちが、その弟子達と一緒にごそっと移ってきて、さながら東大の「植民地」のような感じだったという。その一〇年後に立教でも激しい大学闘争が起き、その結果、「右派」の教授がこぞって辞めて、学習院や上智など異籍した結果、立教に残ったのは「左派」ばかりという珍しい現象が生じたのである。しかも、残った教授は一〇人余りで、早急に欠員を補充しないと大学設置基準も充たさないという差し迫った状況にあった。とにかく「誰でもいいから」早く取らなければ、ということで、私の人事が進んだようだ。私は、専任講師となった。「ラッキー！」としか言いようがない。

第三部　修行と研鑽

13 立教大学

立教には一九七二年七月から一九九三年三月まで二〇年九か月の間お世話になったが、本当に楽しい二〇年間だった。最初の一年は何の義務もなく、その後、ハーバード留学で二年間（一九七四—七六年）、国連事務局への出向で二年間（一九八〇—八二年）、それに研究休暇で一年、つごう六年間は教えず、自分の研究に没頭できた。立教大学には感謝しかない。

最初の年は、何もしなくても良い、博士論文を出版することに集中しなさい、と言われていたが、私の方からお願いして、後期にゼミだけ持たせてもらった。この最初のゼミ生は男子四人で、その中の一人、高島君は、外務省に入り、ほぼ三〇年後に、彼が臨時代理大使をしている時、パラオで再会した。

私が立教に就職して間もなくの頃、大学当局が授業料値上げを発表したのをきっかけに、学生の間で反対運動が始まった。学生達は教授会との「大衆団交」を要求してきた。法学部教授会は、直ちに受けて立つと答えた。私は一年も経たないうちに、学生側から教授会側に転身したが、自分の「立場性」に忠実であることが私の原則だった。私は大衆団交の場で一番にマイクをとって「立教大学が存在することに、意味がないというなら、そんな立教、皆で一緒にぶっ潰そう！ しかし、意味があるなら、皆で一緒に再建しよう」と言った。学生達は、教授会側がそんなに早く大衆団交に出てくるとは予想していなかったので、全くの準備不足だった。教授会側が圧倒して、まもなくこの学生運動は収束した。

当時の立教大学法学部は、危機を克服し新たに出直す時期で、「制度を作る精神」が教授会メンバーに漲っていた。教授会で先輩教授の議論を聞くことで、大いに勉強になった。「ああ、説得的な議論というのは、こういうふうにやるのだ」ということがよく分かった。制度作りに欠かせないのが、新しい規則の制定だった。私は率先して、規則作りに精を出した。これは、私にとって、後に「国際立法」を考える上で、重要な訓練の機会を与えてくれたように思う。

二年後、一九七四年春に私は助教授に昇格。バスの中で昔の友人にばったり会い、「今どうしているの？」と聞かれたので、「立教大学の助教授」と答えた。その途端、バスの中の人が全員、目を見開いて、まるで何か恐ろしいものでも見るように、私を注視した。前年、立教大学では「大場事件」があり、助教授が不倫関係にあった女子学生を殺害し、自分の一家も道連れに心中したという事件だ。いたたまれない気持ちで、友人に「それじゃ」と言って、次の停留所で早々にバスを降りたことを覚えている。

ハーグ国際法アカデミー・研究センター

一九七四年の夏、ハーバード・ロー・スクールに留学。米国に行く途中、「ハーグ国際法アカデミーの研究センター」に参加した。米国には高校と大学の時に行ったが、ヨーロッパはこの時が初めてだった。オランダのスキポール空港に到着して、空港の食堂でヨーグルトを食べたが、日本のヨーグルトとは全く違うまろやかな味に感激したことは、今も忘れない。各国から集まった三〇人の若い国際法研究者が、英語と仏語の二グループに分けられ、六週間を一緒に過ごした。英語グループのディレクターはポーランドのビエルザネク教授（のちに来日し、国際基督教大学（ＩＣＵ）で、短期間、客員教授を務められた）。参加者の中には、後に国際司法裁判所（ＩＣＪ）判事となるブラジルのカンサード・トリンダーデやソマリアのユーセフなどがいた。ユーセフは当時二六歳、グループの中では一番年下だったが、一番優秀だった。この二人とは今でも親交が続いている。ガーナからの参加者ティーウルは、当時ハーバードで博士論文の作成中で、私もこれからハーバードに行くところだというと、色々教えてくれて助けられた。この四六年後、二〇二〇―二一年に、私自身が「感染症と国際法」のプロジェクトで、同じ研究センターのディレクターを務めることになるとは、当時もちろん思いもしなかった。

このハーグアカデミーのプログラムのため、私は一九七四年八月から九月の六週間、ハーグに滞在した。外交官未亡人の人が住む大きなアパートに、同じプログラムに参加しているアルゼンチンの外交官と一緒に、過ごした。その期間中に、とんでもない事件がハーグで起こった。日本赤軍によるフランス大使館の襲撃・人質事件である。ことの始まりは、同年七月に日本赤軍の山田某がパリの空港で偽造旅券行使の罪で逮捕・勾留されたことだった。彼を奪還するため、奥平ら三名の赤軍派メンバーは、九月一三日、拳銃・手榴弾で武装してハーグのフランス大使館に侵入・占拠し、大使および大使館員を人質にしたのである。フランス、オランダ両政府との交渉の末、赤軍派は、山田の釈放、逃亡用の航空機の用意、および三〇万ドルの「慰謝料」を払うことまで認めさせて、九月一八日に用意されたエール・フランスの航空機でスキポール空港を飛び立ち、シリアに逃亡した。その間、銃撃戦で、オランダの警官二人が重傷を負った。連日テレビで放送され、同じハーグで起きている事件だけに、生きた心地がしなかった。事件の一週間後、ハーグアカデミーがわれわれ研究センター参加者を、ハーグ市内のツアーに連れて行ってくれたが、そのツアーに、ビネンホフにあるオランダ内務省も含まれていた。天井まで法律書が並んでいる大きな内務省図書室に案内され、「ここが赤軍派事件発生の時に、司令室として使われた部屋だ、書物に囲まれた部屋で、冷静な判断ができた」という説明を受けた。電話線が無数に敷かれていたのが印象的だった。

14　ハーバード留学

ハーバード・ロー・スクールには、客員研究員として、一九七四年九月から一九七六年八月までの二年間、滞在した。ハーバードでは単なる客員研究員で、とくに義務は何もなかったが、一年目は国際法の修士課程の学生と同じコースを聴講した。チェイエス教授の国際手続法、バクスター教授の国際判例法や条約起草方法のゼミ、スチュワート教授の国際経済法など、どの講義・ゼミも実践的で、非常に刺激的だった。日本で国際法を勉強しているときは、条約集や教科書は聖書のようなもので、それを覚えることに精一杯だったが、ハーバードの先生達は、条約も慣習国際法も、必要に応じて、想像力逞しく自由に解釈していることが、「目から鱗」の体験だった。条約起草方法のゼミでは、学生が二手に別れて、たとえば投資条約を交渉・起草するというもので、実体規則の交渉で負けても手続規則の起草の仕方によって取り返せる、などといったことを自然と学ぶことができるコースだった。これらの授業は、私にとって、後に、国際立法という分野・方法を開拓していく上で、貴重な機会となった。

二年目はジェローム・コーエン Jerome Kohen 教授がロー・スクールで主宰する「東アジア法研究センター」East Asian Legal Studies の研究員にしてもらい、給料も出て、研究室も立派なところに移った。アメリカ国際法学会で「日本における犯罪人府引き渡し原則の適用」について報告したり、その国際法雑誌 *American Journal of International Law* に「日本の最恵国条項に関する実行」の論文を掲載したりすることができた。このセンターには、京都大学の大寿堂教授や香西教授なども来られて、いろいろ教えて頂き、貴重な経験だった。当時、日本の国際法学界では、関東と関西の「東西対立」は厳しく、関東の若手研究者が関西の先生に親しく話を聞くなどという機会は、余りなかったのだ。

ハーバードでの一番の友人は、ハーグ・アカデミーの研究センターで一緒だったガーナのシルバーヌス・ティーウルだった。彼はいつも冗談を絶やさず、一緒にいて楽しかったし、国際法についても色々と教えてくれた。アメリカ人のサンディーという女子学生が、よくわれわれ二人と一緒にいた。彼女は、ジェームズ・リチャードソン海軍大将の孫娘だということだった。この提督は、映画「トラ、トラ、トラ」にも出てくるが、真珠湾攻撃を予言したような警告をルーズベルト大統領に伝えていたのに、大統領はその警告を一切無視して日本の攻撃を許してしまったという人物だ。

ティーウルが、次の年、国際法委員会（ＩＬＣ）が主宰する「国際法セミナー」に参加するというので、私も参加したいと考え、申請手続きを教えてもらった。推薦状は現職のＩＬＣ委員からもらうと良いとのことだったので、当時の日本の委員、鶴岡千仭大使に手紙を書いた。大使に手紙を書くというのは初めてだったので、敬称を何としたらよいか分からず、「大使閣下」と書いて送ったのを覚えている。通常、日本からは外務省の若手しか参加できないようだったが、鶴岡大使の配慮で、私の参加が決まった。バクスター先生にそのことを伝えると、「君や私のような者が委員にならないと、ＩＬＣには希望が持てない」と冗談めかして言われた。バクスター教授は、ソーン教授と共に、その数年前、国家責任に関するハーバード・スタディの内容をＩＬＣで報告したが、その反応はイマイチで、ＩＬＣには失望していたようだ。

こうして、一九七五年夏、ジュネーヴでのＩＬＣ「国際法セミナー」に参加した。これがその後五〇年近くにわたる私のＩＬＣとの関係の始まりとなる。このセミナーには、各国から選ばれた二五人の参加し、その中には、ティーウルはもとより、ハーグで一緒だったカンサード・トリンダーデもいた。彼と私がアゴー委員と一緒に写っている写真があり、今でもよくこれを学生たちに見せびらかしている。アゴー教授は、当時から、国際法の神様のように思われていた。このセミナーでは、午前中はＩＬＣの審議を傍聴し、午後は、ＩＬＣの委員が講師を務めて、ＩＬＣが扱っているテーマについて解説した。最恵国条項の議題の特別報告者だったハンガリーのウストール委員とは、とくに親交を結ぶことができた。この時、国連事務局法典化部でＩＬＣを担当していた二人の法務担当官とも会った。コロンビアのヴァレンシア・ウスピナ（現ＩＬＣ委員）と米国のラリー・ジョンソン。私も、彼らのように、国連事務局で働きたいと思った。

ハーバードから帰国して立教で授業再開、是非ともハーバードでやっているようなソクラティック・メソッドで授業をしたいと思った。一方的に講義するのではなく、学生と議論しながら進めるという方式である。そのためには、学生にきちんと予習してもらわなければならない。判例集や事例問題集なども作った。しかし、学生たちは、当てると「分かりません」と言うだけで、「分かりません」が続くと、白けてしまう。日本の学生には、議論しようという意欲も習慣もない。私は大いに落胆した。後年、中国で教えたときは、この方法がうまく行った。やはり国民性の違いだろうか？　いや、それだけではないはずだ。国際法を学ぶ人の「国を背負う」意識とか、上昇志向や意欲の違いなのかと思う。

立教に戻った後も、数年間は夏休みにハーバードの「東アジア法研究センター」で研究を続けた。バクスター先生の研究室にもよくお邪魔した。先生はその数年前、ハーグ・アカデミーで、「条約と慣習国際法」というテーマで講義をされていたので、その問題について、多くを学んだ。最恵国条項では博士論文を書いたとき、条約の第三国に対する効力の問題にも言及していたので、その流れで、私は、条約の慣習法的効力に関心があった。そのうち、この問題を逆転して、慣習法の条約化、つまり法典化に関心が移っていた。さらに「法典化」をもっと推し進め拡張して「国際立法」を構想するようになる。

一九七七年に高野先生の還暦記念論文集が企画され、私は「条約と慣習国際法の関係」について論文を寄稿した。先輩から「お前はいつから関西の人間になったのか?」と聞かれた。「慣習国際法」というのは京都大学など関西で使っている表現で、関東では、横田喜三郎先生に倣って「国際慣習法」というべきだとのことだった。あほらしい、の一言に尽きるが、当時はそういう雰囲気だった。

国連の法典化課で実務を経験したいという希望が日に日に高まった。しかも、当時、法典化課に在籍していた林司宣さんが、日本の代表部に移り、空席ができるということを、当の林さんから伺い、もうこれは応募するしかない。しかし、ハーバードから帰ってきて三年しか経っていない。もうこれ以上、立教に迷惑をかけるわけにはいかないから、辞職して国連に行こうと思った。国立大学だったら、話は別かもしれないが、立教は私立大学である。しかし、立教は、またしても、私のわがままを聞いてくれて、留学と同じ形での出向を認めてくれた。外務省の条約局（現在の国際法局）長が、自ら立教に足を運び、立教大学総長（当時は法学部出身の尾形総長）に頼んで下さったおかげであろう。

国連における人事はなかなか大変だった。この一つのポストに、二五人の応募があり、その中から選ばれたとのことだった。ハーバードのバクスター先生は、私が応募した折「畏友ムラセを、熱意をもって推薦する enthusiastically recommend」という推薦状を書いて下さった。バクスター先生はその後、一九七九年にＩＣＪの裁判官に就任したが、白血病のため惜しくも翌年九月、私が国連で働き始めて間もない頃、亡くなられた。私の応募については外務省からも後押しをしてもらったが、この時の条約局の課長は、鈴木さんや、今も親交のある柳井さんだった。おかげで何とか国連事務局に採用された。国連事務局の同僚たちも、国連で職を得るのは exciting だったけど、国連で職を得た後はつまらないね（Getting a job at the UN is exciting, but Having a job there is dull.）、などと言っていた。こうして一九八〇年四月から二年間、国連法務局法典化部に勤務することになった。

15 国連法務担当官

大学生の時、国連派遣賞をもらって事務次長だったバンチ博士を訪問した時、私は国際公務員になろうと思った。それから一五年後の一九八〇年五月、私は念願叶って国連職員となり、事務局ビルの三四階にオフィスを構えた。その年、国連の真正面に、「ラルフ・バンチ公園」が整備され、私のオフィスの窓からよく見えた。

国連法務担当官としての二年間については、帰国後、季刊『立教』一〇四‐一〇五号（一九八三年、「国連の理想と現実：国連法務担当官としての体験から」『国際法論集』（信山社、二〇一二年）三〇九‐三二一頁に再録）に書いたので、ここでは省略する。国際法の専門家として、単に国際法を解釈するだけでなく、国際法を「創る」ことに関わることができたことは、何よりの収穫だった。法典化部のディレクターは、ロシアのロマノフ氏。国連内でも有名な変人で、部員はみな苦労した。

ロマノフは、かつては有能な条約マンだったが、国連に移ってからは、ソ連代表部から無理難題を押し付けられ、国連との板挟みになって苦しんでいたようだ。彼のオフィスで話していると、ソ連代表部から電話がかかってきて、彼はロシア語で話し始める。段々と彼の顔が青色から真っ赤に変わる、といったことを、私も目撃している。ある朝、トイレに入っていると、そのあとロマノフが入ってきて、誰もいないと思ったのか、歌を歌い始めた。彼としては、何とか心の動揺を抑えたいと思ったのだろう。私がブースから出れば、彼を困惑させることは必定である。私は音を立てないように、狭いブースの中で、一〇分ほど、じっとしていた。この頃すでに、彼は事務局の誰ともまともに対応できず、私だけが話のできる相手だった。

国連事務局で最も仲の良かった同僚は、ムパジ・シンジェラ Mpazi Sinjela というザンビア出身のジュニア法務官だった。イエールでリースマン教授に学び、海洋法における内陸国の地位についての論文で博士号を取った。リースマン教授の弟子でマーヌーシュ・アルサンジャニ Mahnoush Arsanjani と言う女性もいた。彼女はリースマン教授と結婚したばかりだった。彼女は二〇年後、法典化部のディレクターを務めた。シニアの法務担当官には、ケニアのアデデ Andronico Adede、それに五年前にＩＬＣのセミナーで会っていた米国のラリー・ジョンソン Larry Johenson、コロンビアのバレインシア・ウスピナ Eduarodo Valencia-Ospina がいた。第六委員会一九八一年会期の写真に私は第二列目に映っているが、いつか一列目に座ることはあるだろうかと思っていた。その夢は三三年後の二〇一四年にＩＬＣの特別報告者として報告した時に叶った。その後、アデデは世界保健機関の事務局に移り、そこでタバコ条約を作った。ジョンソンはその後、旧ユーゴ刑事裁判所（ＩＣＴＹ）の事務局長になり、私がＩＣＴＹを訪問した時、ミロシェヴィッチ裁判を特等席で見学させてくれた。ヴァレンシア・ウスピナは、ＩＣＪの書記となり、さらにその後ＩＬＣの委員となり、現在も私と一緒だ。

一九八〇年に国連で働き始めた頃、国連内の銀行で、私のアメリカン・シスター、シャーロッテ・バンチに、バッタリ会う。「こんなところで、一体、何しているの？」とお互いに笑い合った。彼女は、当時、国連女性委員会の仕事をしていたのだ。彼女の両親・ホストファミリーの両親も、私に会いに国連を訪問、法典化部の同僚は私の活躍ぶりを大げさに話して「あなた方は、高校時代のムラセを鍛え上げ、良い仕事をした」と褒められていた。

国連事務局での二年目、一九八一年、私はジュネーヴへの長期出張を命じられた。ニューヨークの法典化課事務局には一六人ほどの法律専門職員がいるが、その中でＩＬＣの審議を補佐するためにジュネーヴに出張できるのは四人のみである。私は、その四人の中に選ばれ、幸運だった。法典化課に入っても、ＩＬＣの担当にならなければ、余り意味ないからだ。私は当時、ＩＬＣで主権免除の特別報告者を務めていたタイのスチャリックル大使に、アジア諸国の主権免除に関する国家実行に関するペーパーを書いて送ったのだが、このペーパーが彼に評価され、私に白羽の矢が当たったのだ。後年、スチャリックル氏はサンフランシスコの金門橋大学 Golden Gate University の学長になり、立教大学を訪問、私は国際センター長だったので、彼を夕食に招き、その折、私がＩＬＣに参加するきっかけとなったその話を彼に話し、お互いに、当時のことを懐かしんだ。

ジュネーヴでは、ヤンコフ教授（ブルガリア、後に海洋法裁判所判事）が特別報告者を務める「外交伝書使と外交文書の特権免除」およびクインテンバクスター教授（ニュージーランド）の「合法活動から生じる国家の国際責任（liability）」の補佐を務めるよう、Director のロマノフ氏から指示された。二人とも、事前に報告書を書いてこず、ジュネーヴに来てから書き始めた。ヤンコフ教授は、当時交渉中だった海洋法条約の紛争処理に関する部分の報告者で忙しく、ＩＬＣの報告書のいくつかのセクションのアウトラインをくれただけで、これらの部分の執筆は君に任せるから、という。とにかく、見よう見まねで第二報告書を完成させた。ある時、ヤンコフ教授が、報告書のドラフトを書く時、古い国連文書の裏側を使っているのを見て、私は事務局から白いペーパーの束を持ってきて彼に渡し、これを使って下さいと言った。すると彼は、「自分達の世代は物を書く時、紙がなくて苦労したので、とても新しい紙にドラフトを書く気になれない」と断った。それ以来、ヤンコフ教授は、私の人生の師となった。ヤンコフ教授とはその後、ＩＬＡの本部理事会で毎年のように会い、二〇一二年のＩＬＡソフィア大会や二〇一三年のＩＤＩの東京大会でも再会した（二〇一九年逝去、私のＩＬＣにおける追悼文参照）。

もう一人、私が補佐したクインテン・クインテンバクスター教授は、一応、自分で報告書のドラフトを、毎週一章ずつ書いて渡してくれた。第一章は、トレイル・スメルター事件の言及から始まった。私は、当時日本のテレビで人気のあった「刑事コロンボ」を例に出して、「先生は有能な刑事のように、まずは、犯行現場を徹底的に調べ上げていて、素晴らしい！」と褒め称えた。しかし、次の章もその次の章もトレイル・スメルター事件ばかりが繰り返し出てきて、私は心配になった。そこで、「有能な刑事は、たまには犯行現場を離れて、オフィスに戻って、冷静に分析することも必要ではないか」と言ったが、クインテン・バクスター教授は急に不機嫌になってしまった。同僚に不満をぶちまけると、「彼のファースト・ネームはクインテン、姓もクインテンだから、繰り返しが多いのは彼の本性なのさ」と慰められた。しかし、ＩＬＣでは、案の定、もっと広く国家実行を調べないとダメだと教授は批判された。しかし、このテーマに関わったことで、後年、私の関心が国際環境法に向くきっかけとなった。

一九八一年夏、ジュネーヴでＩＬＣの審議に参加し、その出張からニューヨークに戻ったところで、姉から国際電話があった。父が亡くなったとのこと。聞くと、亡くなったのは一ヶ月半ほど前だが、父は自分の容態が悪くなっても、ジュネーヴで重要な仕事をしている信也には伝えるな、と言っていたそうだ。七六歳だった。亡くなる半年ほど前、ある民放が、「国連職員の一日」という題で、私を例に放映してくれた。朝、国連に出勤するところから、昼間、オフィスで仕事をしているところ、そして夕方、事務局を後に帰宅するところまで。父に、このテレビ番組を見てもらえたことが、何よりの慰めだった。

ジュネーヴからニューヨークに戻った後、秋には第六委員会を担当した。この一九八一年の第六委員会では、各国の代表と一緒に総会決議の案文を起草するというのは、楽しい経験だった。当時、外交官に対する攻撃・暴行が多かったので、「外交官の保護」という議題を担当し、いくつかの主要国代表と一緒に総会決議案を起草した。外交官だけではなく、国際公務員も保護の対象とすることなどを、私から要請して取り入れられた。この時一緒に仕事をしたスエーデンの外交官（Ove Bring）とは、その後、彼の妻（Marie Jacobsson）がＩＬＣ委員だったので、再び親しくするようになり、後年、夫妻で日本にも来た。

ニューヨークにいた二年の間、よくミュージカルを見に行った。東京から来客があるたびに、ミュージカルに連れて行って欲しいと言われたためだが、日本人にはミュージカルの英語を理解するのは難しい。事前にストーリーを解ってもらっておく必要があるので、結局、私は同じ出し物を何回も見ることになった。中でも、「エビタ」は七回見た。劇中、革命家チェ・ゲバラが「語りべ」のような形で出るのだが、彼の役なら代役ができる位にまでセリフを覚えた。帰国後、劇団「四季」の「エビタ」を見たが、ダンスや歌唱力など、本場の舞台を見た者にとっては「見るに堪えない」ものだった。

国連で二年経った後、一九八二年四月、上司は「君を昇格させるから国連に残ってくれ」と言われたが、私は結局、立教に戻ることにした。国連で法務担当官を続ければ、条約の起草にももっと熟練できただろうが、どんなに良い報告書を書いても、それは全部「国連事務総長」の名前でしか公表されず、執筆者個人の名前は出ない。やはり、自分の名前で論文を発表できるほうが良いと思ったのだ。国連の同僚たちは「なぜこんな早く辞めてしまうのだ?」と聞いた。私は「国連のような大きな池で小さな魚でいるよりも、大学という小さな池で大きな魚でいた方がいいから」(a big fish in a small pond rather than a small fish in the big pond) と応えていた。しかし、結局私は、小さな池の小さな魚で終わることになった。

一九九〇年四月一七―二一日に、G-7の提案で、イタリア・シエナで「国際環境法フォーラム」が開かれ、外務省国連局経済課企画官の伊佐敷真一氏と一緒に、それに参加した。古都シエナのPontignanoという古い僧院が会場だった。私は起草委員会にも参加したが、委員長は米国ＩＬＣ委員のマッカフェリー教授だった。色々な国の委員と一つの文書を起草するという作業は、本当に面白いと、改めて思った。

一九九〇年夏、ＩＬＡのシドニー大会があり、最初は参加する予定だったが、母の容体が悪くなり、出席を見合わせた。母はその夏、逝去した。最後まで、私のことを心配し続けながら、一生を終えたという感じで、ただただ、本当に申し訳ない気持ちで一杯だった。

一九九一年秋に国連総会でＩＬＣ選挙があり、山田中正大使の応援のため、日本代表団の顧問として出張した。この時の経験は、その後、私自身がＩＬＣ選挙に出た二〇一一年および一六年の時の良い予習の機会となった。この選挙期間中、オーストラリアのニューヨーク代表部が、候補に出ていたシドニー大学のクロフォード教授のためにレセプションを開き、私もこれに参加した。同教授は、ナウルの弁護人として自国オーストラリアをＩＩＣＪに訴え、損害賠償を求めていたのである。ナウルは燐鉱石でできた島でだが、オーストラリアは長年同島の燐鉱石を肥料生産のため乱掘し、ナウルは今では指輪のように中心部が海になってしまっている。そのような人物を、しかし、オーストラリア政府は、

ＩＬＣ選挙の候補として応援しているのである。同国が、法律家としてのクロフォード教授の独立性を尊重する「成熟 matured した国家」であることに、感銘を受けた。日本では、とてもそういうふうには行かないのではないか。

この頃、クロフォード教授と東京で会ってゆっくり話す機会があった。彼を老舗の天ぷら屋に招待したが、天井を駆けずり回るネズミに往生した覚えがある。クロフォード教授は、その時、彼の師匠・イアン・ブラウンリー教授のことを色々と話してくれた。ブラウンリーは若い頃、英国共産党の党員だった。しかし、その前歴は、英国の法曹界や大学では受け入れられないものだ。彼は、どうやって、それを克服したか、それは、ただ、良い論文を書き続けることだけだった、とクロフォード教授は言った。私は、その言葉を胸に刻み付けた。

親友、ガーナのティーウルは、ハーバードで博士号を取ったあと、国連の多国籍企業に関する委員会の事務局で活躍した。一九九五年頃、彼から朝の六時頃、「これからタイに行くところで、今、成田に着いたが、乗り継ぎまで五時間位ある、会えないか？」という電話がきた。私は、三鷹の自宅から成田に行くには四時間はかかる、ということを説明し、会えなくて残念だが、また今度会おう、と答えた。これが彼との最後の会話だった。彼はその後まもなく、出張でイラクに行き、重い病気になって、ニューヨークに運ばれたが、一九九五年に亡くなった。ウガンダの女性外交官と結婚し、ボブジと言う名の息子がいたはずだ。ガーナのコフィ・アナン氏が国連事務総長として活躍していた頃（一九九七―二〇〇六年）、もし、ティーウルが生きていたら、きっと彼が事務総長を傍で補佐していたはずだと、テレビのニュースを見ながらいつも思ったものだ。

立教の学生たち

立教大学では、三・四年生対象の「国際法」ゼミや一年生対象の「基礎文献購読」ゼミには、最も優秀な学生達が集まり、大教室の講義と違って、ゼミでは大層やりがいを感じた。そうした学生の一人に木山啓子さんという人がいた。彼女は立教卒業後、米国で大学院に進み、帰国後、ジェン（JEN）という難民の自立支援のためのNGOの立ち上げに加わり、旧ユーゴスラビア、イラク、アフガニスタンなどで活動してきた。この二〇数年、その事務局長として、世界中で活躍しているスタッフを統括している。学生時代の地味で物静かな木山さんを知っているだけに、いつも、その活躍ぶりには目を見張る思いだ。

もう一人、印象的な人がいた。一年生の基礎文献購読のゼミでは毎週学生にレポートを出させるのだが、毎回、素晴らしいペーパーを出してくる女子学生がいて、助手の人とも「こんな作文、われわれ一八歳の時には書けなかったよな」と驚いた。彼女は立教の大学院に進み、民事訴訟法を専攻した。数年後、電話で「専攻を国際法に変えました」というので驚いた。彼女の指導教授が神戸に異籍してしまったことは、私も聞いていた。しかし、専攻を変えることはないのにと思った。「民訴ならどこでも引く手数多（あまた）なのに、国際法に変えたなんて、なぜそんな馬鹿なことを！」と言うと、彼女は、「だって村瀬先生が、『国際法は、選ばれた人にしか許されない学問だ』といつも仰っていたではありませんか」と言う。私は「えっ、そんなこと言った？」と驚くばかり。確かに、クラスでそう言っていたことは事実だ。教師というのは、罪な職業だ。人の人生を変えてしまうこともある。幸い、彼女はその後、着々と業績をあげ、都内の大学で教授を務めている。民訴をやっただけあって手続き法に明るく、それが彼女の国際法の強みになっている。

「英書購読」のゼミなどもやったことがある。いずれも自由選択なので、学生には厳しく準備を強いて、去る者は追わずという方針で行った。ある時、ちょっと気の弱い男子学生が、私の英書購読の時間の前に研究室に来て、「体調が悪いので今日のゼミは休ませて欲しい」と私に告げた。私は心配して、「そうか、帰って、十分休みなさい」と言った。そこにいた他の学生も心配して「大丈夫？」などと声をかけていた。英書購読のゼミは彼の欠席のまま、終わって、私は気分転換のため、外に出た。校門のところで、ばったり先の学生に会ってしまった。彼はテニス着姿で、これから友達とテニスに出かけるところだった。彼も驚いた様子で、目をそらせた。「あの野郎、俺に嘘をつきやがった！」と私は怒りに震えた。研究室に戻ると、そこで同僚の奥脇教授に会ったので、彼に憤懣をぶちまけた。すると奥脇教授が、自分に任せておけ、彼に説教しておくと言ってくれたので、私もこの一件は奥脇教授に任せることにした。奥脇教授は彼を呼び出して、「嘘をつくなら、突き通せ。なぜ、すぐ帰らなかったのか」と叱っておいたと聞いて、私は二度驚いた。普通の教師なら「嘘をつくな」と説教するはずだ、と思うのだが、「嘘をつくなら突き通せ」とは……！

立教の学生は人懐っこく、私の研究室にフラーっと来て、何時間も話していく学生もいた。卒業後も、その多くとは、ずっと会い続けている。クラブ活動として、国際法研究会が作られ、ジェサップ国際法模擬裁判協議会に参加することになった。その頃はまだ参加校は東大・京大・早大だけで、立教は新参者だった。最初の年は、やり方もよくわからず、メモリアル（書面）の提出も締め切りに遅れてペナルティを課され、減点されて散々だった。口頭弁論では、立教の弁護人の一人は、最初の滑り出しは良かったのだが、途中から、いつものサービス精神が出てきて、その弁論が「漫才」のような感じになり、万場、笑いの渦となった。裁判長を務めていた石本泰雄先生が「彼はパワフルだねー」と感心したように笑っておられたが、法廷の弁論とは、程遠いものだった。しかし、そのあとの懇親会で、東大の学生の一人が「立教さんは、今日のように大会を盛り上げてくれればいい。ワシントンの国際大会には、我々が参加するから……」と言ったことが、立教生に火をつけた。翌年は周到な準備をして競技会に臨み、東大・京大の双方の「潰し合い」と「敵失」などもあって、見事、立教が優勝した。

立教チームに負けたことに、他大学の学生たちは非常に悔しかったようだ。懇親会の前、私はトイレに立った。ブースの中でなすべきことをしていると、ある大学の学生たちとその指導教授がトイレに入ってきた。うち一人の学生が、涙声で、自分の弁論が下手だったために、立教なんかに負けてしまったと教授に謝っていた。その先生が、「いや君はよくやったよ、そんな気を落とすなよ」と慰めていた。それが一五分も続いて、私はすでに用が済んでいたにも関わらず、その間、ドアを開けて外に出るわけにもいかず、狭い空間の中でじっと静かに耐えていた。

優勝したは良いが、ワシントンへの渡航費用をどうするか、困惑した。そこでまず、立教チームが優勝したことを中学以来の友人・高木君（朝日新聞記者）に電話で話すと、短い記事にしてくれた。小さな記事だったにも関わらず、立教大学内では大事件で、みな喜んでくれた。ちょうど、立教野球部が六大学野球で二〇年ぶりに優勝したこととも重なって、学長以下、校友会や教会関係者からも多大の支援を受けることができ、チーム八人分の費用に相当する額の寄付を、極めて短期間で確保することができた。

16　国際立法研究会

国際法協会（ＩＬＡ）では一九八五年から「一般国際慣習法の形成」という国際委員会が立ち上がり、高野先生が正委員に、私が委員代理についた。私は、国内でも並行して研究グループを立ち上げることを考え、高野先生とともに「国際立法研究会」を作った。山本草二教授にはとくに参加してくださるようお願いし、奥脇直也教授にも声をかけた。助手や院生など若手の研究者にも入ってもらって「世代を超えた」研究会として、法源論を中心に議論を続けてきた。ＩＬＡの委員会は二〇〇〇年に終了したが、立法研究会は今も続いている。

この研究会の中心は山本先生だった。報告者は一様に山本先生によって鋭く批判され、追い詰められ、完膚なきまでに打ちのめされることになったのだが、そのお蔭で、われわれはみな「打たれ強く」なった。研究会が終わると二次会に移り、山本先生を中心に再び議論を続けて、夜中の零時、一時になることも稀ではなかった。そうした二次会の折に山本先生がよく言っていたのは、「学会というところは有難いところだ、頑張っていれば、必ず誰かが見ていてくれる」ということ。研究者を始めたころの先生は、やや、不遇だったようである。東京では誰もきちんと評価してくれない中で、九州の伊藤不二男先生や京都の田畑茂二郎先生が目をかけて下さったと、いつも感謝の念をもって、回想されていた。「必ず誰かが見ていてくれる」、山本先生からそういう話を聞いた後、われわれは、「よーし、明日からまた頑張ろう」、そう思いながら家路についたものだ。

その頃私の書いた「国際立法の存在証明」や「法源論の動揺」といった論文が評価され、昭和六一年（一九八六年）一〇月、「国際法の芥川賞」（！）といわれる「安達峰一郎賞」をもらうことができた。この頃から、アメリカ国際法学会会長のピーター・トゥルーボフ氏と懇意になった。彼は、私が一九九〇年にカナダ国際法学会で行った報告に感銘を受けたとのことで（彼はアメリカ国際法学会の会長としてカナダ学会に招待されていた）、それ以来、色々と私を引き上げてくれた。平成四年（一九九二年）四月から七年（一九九五年）三月まで、アメリカ国際法学会の理事に任命してくれたことも、その一例である。のちに、ハーグ国際法アカデミーでも、私をサマー・コースの講師に指名したり、アカデミーの理事会メンバーに推薦してくれたのも、トゥルーボフ氏だった。

こうして、一九九〇年代から三〇年間、私は海外を駆け巡った。ＩＬＡ事務局やハーグアカデミーの旅費支援や科研費もあったが、給料の多くの部分を渡航費に向けた。外国から成田に着いたその足で大学に戻り、授業をしたことも何度かある。当時は本当に元気だったのだと思う。

大学行政

一九八〇年代の終わり頃から、立教大学の大学行政にも積極的に参加した。国際センター長として、世界中の大学と交流協定を締結し、中国、オランダなどの主要大学を訪問した。また、総長室の補佐として、立教大学の長期計画を策定するための作業チームに入り、二つの大きな柱を立てた。一つは大学のコンピューター化、もう一つは国際化である。国際学部の新設も提言し、現在の「異文化コミュニケーション学部」として実現した。

しかし、このように大学行政にコミットするようになると、研究・教育に忙しいからという理由で身を引くことが次第に難しくなってくる。その一つの重要な理由は、事務方の人たちとの関係ができてしまうことである。例えば、新しい学科を作るということになると、事務局の人には過大な負担を強いることになる。「学科を一つ作ると、人が一人死ぬ」と言われていた。その通りに、担当していた大学事務局の方が過労で亡くなった。立教法学部に

「国際・比較法学科」（設置のとき、学科名にナカグロの付いた先例がないということで、文部省と何度も交渉したことを思い出す。現在は「グローバルビジネス法学科」に改称されている。余計なことだが、なぜこんな名前に改名したのか、理解に苦しむ）事務局では、何度も、何度も、書類を書き換え、文部省に提出するという作業をくり返さなければならない。そのストレスで倒れる人が続出するのだ。こうして、段々と、自分だけの問題ではなくなってくる。私も、次第に身動きできなくなってきていた。

17 上智大学

そうした折、上智大学に移っていた山本草二先生から連絡を受け、上智に来ないかという誘いを受けた。立教の人たちには申し訳ないと思う気持ちも強かったが、自分が研究者として今後も生きていくためには、やはり立教から離れる時だと考え、一九九三年四月から上智に移ることにした。そのことを立教と上智に伝えた後で、今度は、松下満雄教授と大沼保昭教授から、東大法学部への誘いがあったが、「もう上智に決めたから」と丁重にお断りした。(16)「若気の至り」とはいえ、かつて「東大解体」を叫び、あの「ある小さな闘争宣言」を書いた者が、二〇年後に東大教授などになったら、辻褄が合わないどころか、それこそスキャンダルだ。

山本先生から「上智の給料は少ないよ」と言われていた。私は「給料の額なんて、全然問題ありませんよ」と答えた。最初の給料が振り込まれて明細書を見た時、「えっ、こんなに少ないの?」と衝撃を受けた。その額は、一〇年前に立教でもらっていた額より少なかった。しかし、立教と違い、教授会は月一回で、一時間で終わったし、雑用は何もなかった。立教では教授会は二週間おき、五、六時間は続いたし、雑用も非常に多かった。私は、負け惜しみで、「拘束時間当たり」では、上智の方が高い、と言っていた。立教大学から退職金が送られてきたが、この退職金は、低い上智の給料のもとで生活費を補填するため、また東京で開催した三国学会の準備や海外の学会に出席するための出張費などのため、数年で無くなってしまった。

それに、もう一つ、退職金をもらってすぐの時期に、意外な事件があった。近所で四、五件軒先の立派な家に住む家の奥さんから悲痛な声で電話があり、「今から伺っても良いか」という。「はい」と答えると、後彼女は、よろよろと今にも倒れそうな足取りで、私の家にきた。金曜日の午後だった。どうしたのかと訊くと、「息子が会社の仕事に関係することで裁判になり、司法取引で、すぐお金を用意しないと逮捕されてしまう」との話。彼女の父親は裁判官だった。二〇年ほど前、まだ大学院にいた頃、私もその裁判官の方に話を聞いたことがあり、このあたりでは名家だった。「それは大変ですね」と、私はびっくりして「いくら位必要なのか」と訊くと、一一〇万円とのこと。今日は金曜日だが、今ならまだ間に合うと、私はすぐ銀行に車を走らせ、その額のお金を下ろして彼女に渡した。そのお金は、結局、返ってこなかった。後で知ったことだが、彼女は、近所中で借金していたようだ。しかし、私には、そういう情報は入ってきていなかったし、裁判官の娘だったその人が、そんな詐欺を働くなどとは全く思いも寄らなかったのだ。

詐欺といえば、ずっと後のことだが、私のところにも一度、オレオレ詐欺の電話がかかってきたことがある。相手が名乗らないので、「どちら様ですか」と二度ほど聞いたが、それに対する返事はなく、「携帯の番号が変わったので、メモしてくれ」という。私は携帯を持っていなかったし、今も使っていない。オレオレ詐欺だと、すぐ分かった。しかし、その時は、犯罪に巻き込まれつつある、という恐怖心が私を支配し、逃げるように、すぐ電話を切った。私に心理的な余裕があれば、騙された振りをして、電話番号をメモし、警察に届けただろうが、そんな余裕は全くなかったのだ。

上智の学生は、人懐っこい立教の学生とは違って、ドライでスノビッシュ。私の研究室にも、用事がなければ決して来ない。授業で冗談を言っても、立教なら爆笑が起こったものだが、上智の学生は殆ど笑わない。何人かの学生が、ジェサップ模擬裁判への参加を考えているので、指導してほしいと言ってきたが、「遊びで国際法をやるのはどうか……」と言ったら、「そうですね」と言ってすぐ帰って行った。やや寂しい気もしたが、おかげで私は、上智では研究や学会活動に集中することができた。

上智に移って二年経ったころ、思いもよらぬ事件が起こった。ある意味、私の生涯で最大の危機とも思えた。ある者が、上智大学に「村瀬のような堕落した人物を、カトリックの教育機関である上智が、なぜ採用したか」と投書したらしい。確かに私は聖人などではなく、罪深い堕落した者であることは、その通りだろう。教授会メンバーの誰かがこの問題を取り上げ、こともあろうに、私の上智への異籍を進めた山本先生に、糾弾の矛先を向けたというのだ。この教授会が開かれたとき、私は海外出張中で不在だった。後述のように、上智に移ってのちの数年間は、三国国際法学会や、コロンビア大学での客員教授、ハーグアカデミーの講師など、多忙を極めた時期で、そのため、私は何も知らなかった。私が知ったのは、上智とは全く関係ない学会関係者の人からの情報だった。

こんな衝撃的な事件を経験したことはなかった。悪質な人格攻撃に、私は憔悴しきった。すぐ山本先生に長い手紙を書き、その投書が悪意ある中傷でしかないことを詳細に書き綴った後、しかし、山本先生が自分のため攻撃を受ける結果となってしまったことを心から詫びた。そして、直ちに上智大学を辞職させて頂く旨、書き送った。(17) 山本先生からはすぐに連絡を頂き「一緒に飯を食おう」と言われた。山本先生の中では、この件はすでに過去のことだったようで、今更、蒸し返すようなことではないから「忘れろ」と言われた。私としては、到底忘れることのできない事件ではあったが、時間が経つうちに、もうどうでも良いと思うようになった。二〇〇九年に正規の教授としての定年に達したが、その後五年間、特遇教授として地位を継続し、七〇歳に達した二〇一四年には名誉教授になったので、あの事件は一体何だったんだと不思議にさえ思う。しかし、あの時、上智をやめていたら、その後の私の学会活動などもなかったかもしれない。いずれにせよ、山本先生が、身を挺して不肖の弟子を守ってくれたのだろう。それには、どれほど感謝して良いかわからない。山本先生は、その三年後の一九九八年に、定年で上智を去られた。

山本先生と最後に言葉を交わしたのは、二〇〇九年の五月、慶應大学での国際法学会で、ＩＬＣの委員に選挙されたことを報告した時だ。先生は「頑張れ」と励まして下さったが、「こいつにつとまるだろうか」と心配そうな感じでもあった。

(16) 一九九三年六月二〇日付、大沼保昭教授宛書簡参照。
(17) 山本草二教授宛一九九五年一〇月一五日付書簡。

第四部　国際法の現場

18　学会遍歴

一九九四年夏、日米加三ヶ国の国際法学会の共催による第一回の会合（Trilateral Meeting）が東京で開かれた。その準備に、私は二年間ほど、忙殺された。とりわけ、募金活動が大変だったが、外務省の伊藤法規課長が奮闘してくれて、アベ・フェローシップや Japan Foundation などから支援を受けることができた。だがそれだけでは足りない。企業を回って募金をお願いする毎日だった。ある会社の人から、もし募金が集まらなかったら、どうするつもりかと聞かれ、「立教を退職したばかりで、退職金をもらったので、それを充てます」と答えた。相手も人を見ている、と感じた。その会社の人は、それならうちの会社も協力させてもらいましょう」と言って下さった。結果的に潤沢な予算が可能になったことで、米国、カナダからの参加者の渡航費・滞在費をはじめ、会場費、会議成果の出版費用も、これで賄うことができた。米国　学会の会長は トゥルーボフ Peter Trooboff 氏、事務局長はクー Charlotte Ku さん、カナダ学会の会長は De Mestral 教授で、とくにクーさんとは、毎日のようにファックスで連絡しあった。最後には、そのファイルが、一一冊にもなった。東京・国際文化会館で三日間、京都で二日間、広島で一日の会合をもった。

完璧な準備をした積もりだったが、京都への移動の際に問題が起こった。私は東京での残務整理のため同行できなかったが、米加の会員と家族を含めて三〇人ほど、ＪＴＢの観光バスで国際文化会館から東京駅まで運んでもらった。しかし、ＪＴＢのバスは駅構内には入れず、駅から二〇〇メートルほど離れた路上で荷物と共に降ろされたのだそうだ。みな、会議と休暇の双方に使う衣服などを入れた大きな荷物を持ってきていた。ポーターなどもいないので、みな、呆然としたという。その時、立ち上がったのが、米国の辣腕弁護士・トゥルーボフ Peter Trooboff 氏だった。戦場に向かう将軍のように、自分のスーツケースを持ち上げると、「我に続け！」と部隊に号令し、若い二人の助手と共に、敢然と歩き出したのである。重いスーツケースを自分達で新幹線のホームまで運んだ。当時はエスカレーターもエレベーターもなく、スーツケースを持って駅の階段を登った。やっと間に合い、新幹線の中に入ったが、車内には米国サイズの大きなスーツケースを置く場所がない。たまたま中央の席が空いていたので、トゥルーボフ氏の指示で、そこに積み上げたという。

新幹線が名古屋に着いた時、トゥルーボフ氏は、電車は駅で二分しか停まらないと知り、二分間で三〇人がどうやって降りるかの戦略を立てた。「荷物が最初、人は後」と指示した。ホームの駅員が小旗を上げると電車が出発することを見て、彼は、全員の降車が済まないうちに電車が走り出すのを防ぐ必要から、助手の二人に、その場合はあの旗を奪えと指示。これは、万一のための「予備的戦略」backup strategy ということだ。新幹線は京都に無事到着、降車には二分以上かかったが、新幹線は米加の人たちが降り切るまで発車せず、トゥルーボフ氏は怒ったという。その後、バスで京都駅からホテルに向かったが、今度は、ホテルの入り口の門が狭過ぎて、再び、道路で降ろされたというオマケまでついた。しかし、トゥルーボフ Trooboff 氏のリーダーシップで、新幹線から米加の部隊（troop）が全員無事に降りられたこと（トゥループ・オフ）を称賛し、米加の人たちはトゥルーボフ Trooboff 氏に「トゥループ・オフ将軍」Genralissimo Troop-Off というニックネームを贈ったという。なお、京都から広島への移動の際は、手荷物以外はトラックで運び、彼らがホテルに着いた時には、それぞれの部屋にスーツケースがすでに運び込まれていて、みな感激したという。

先にも述べたように、この三国学会シンポジウムの募金活動では、外務省の伊藤哲雄課長（当時）に大変お世話になった。この伊藤課長と私には、その何年か前に、因縁の出会いがあった。ある時、霞ヶ関で、歩道を渡ろうとして前を見たら、自分とそっくりな人が向こうから歩いてくるのに出くわして、どうして良いかわからないほど、ドギマギしてしまった。もう一人の自分が、向こうから歩いてくる！ それが伊藤さんだった。法規課（現、国際法課）は、伝統的に国際法学者との交流を重視し、私も色々な研究会に出させてもらった。研究会後の夕食会で、伊藤さんはお酒を、私は飲めないので水を、注文するのだが、店の人がよく間違えて、私にはお酒を、伊藤さんには水を、置いたりした。店の人は「お二人、後ろ姿があんまりよく似ているんで」と弁解していた。前だけでなく後ろ姿も似ているようだった。

時々、私は打ち合わせのため、法規課に呼ばれることもあった。法規課という部局は、外務省の中でも研究所のようなところで、普段、課員は本や書類に埋もれて黙々と調査・研究に没頭していて、シーンと静まりかえっている。伊藤さんは当時、首席だった。私が法規課の部屋に入ると顔をあげた課員の一人が突然笑い出す。そして、皆、声を出すまいと苦労しながら、一斉に笑い出すのだ。中には、号泣しているかのように、肩を震わせている人もいる。伊藤さんと私が似ていることが課内でも話題になっていた証拠である。

伊藤さんはその後も出世街道をまっしぐらで、彼の肩書きは三年ごとに変わっていったが、私の方は、助教授から教授に昇格した後は、定年までの四〇年余、肩書きは不変であった。私は、彼に「伊藤さんが大使になって『影武者』が必要になったらいつでもその役を引き受けますから」と言っていた。伊藤さんはその後実際に大使になったが、残念ながら私が替玉になる機会はついに来なかった。

顔や姿がそっくりというのも異例だが、同姓同名というのも、私は経験している。ある時、石本先生から「学兄は小説を書くなど、器用な人と思っていましたが、芸能記事までお書きになるとは驚きました」というメールが届いた。何のことだろうと、朝日新聞を見ると、確かに「村瀬信也」という記者の芸能関係に関する署名記事が出ていた。その時初めて、同姓同名の人が朝日新聞の文化部にいることを知った。記者自身、将棋の世界では有名な人のようで、五冠を達成した藤井聡太九段の記事を追い続けている。インターネットで「村瀬信也」を検索すると、以前は私のことだけだったが、今は、圧倒的に、朝日の記者に関する記述が多い。一度お会いしてみたいと願っている。

この頃、私の上智大学での前任者（二年間はダブル配置ということで、重なっていた）石本泰雄教授が、一九九五年三月に定年退職された。石本教授は何らの名誉も求めず、その淡白な人柄が、多くの若い世代の人々を惹きつけていた。座談の名手でもあり、いつも、とびきり面白い話が聞けた。先生の退職後、私は若い世代の研究者や大学院生を誘って、毎月、四谷の「イル・ドゥ・パシオン」などで、石本先生を囲む夕食会を行った。先生が日野のホームに入られた後は、規模を縮小しつつも、立川あたりで夕食会を続け、最後はホームで誕生会などを行った。最後の誕生会は、二〇一五年一二月五日、亡くなる三日前、ホームで何人かの教え子が集まり、先生の好きな鰻で九一回目の誕生日を祝った（私は、残念ながら、中国にいて参加できなかった(18)。

(18) 村瀬ブログ「石本泰雄教授追悼」後掲参照)。

コロンビア・ロー・スクール客員教授

この三国学会の会議参加者の一人、コロンビア大学のマイケル・ヤング教授に、同大学で教えに来るようにいわれた。上智は休職扱いということになったが、もとより異存はなかった。一九九五年の冬学期に彼の国際経済法のクラスで、四回にわたって「環境と経済」について講義する機会を得た。これは、その夏に予定されていたハーグアカデミーでの講義の練習をさせてもらう格好の機会となった。この時、シャクター教授のゼミにも出させてもらったが、当時、中国外務省から派遣されてシャクター教授のもとで博士論文を準備していたのが、シュエ・ハンチン Xue Hanqin さんで、彼女と一緒にシャクター教授のゼミで報告したこともある。その後、彼女とは、一時期、国際法委員会(ＩＬＣ)やハーグアカデミー理事会で一緒になった他、万国国際法学会(ＩＤＩ)でも共同戦線を張って活動した仲間である。彼女は、二〇一〇年以降、ＩＣＪの判事である。

国際法学会

私の国内における学会活動の中心は、言うまでもなく、国際法学会だった。春秋の多くのセションで報告をさせてもらう機会を得た。その機関誌『国際法外交雑誌』にも多くの原稿を寄稿させて頂いた。感謝のほかない。また、平成六年（一九九四年）一〇月より平成二四年（二〇一二年）一〇月まで、理事を務め、国際交流委員長も務めて、三国学会交流などを実施に移すことができた。

国際法学会では、理事を務めると名誉会員に、理事長を務めると名誉理事になり、会費を免除されたり、葬儀の時には、学会名で弔電を送ったり、花輪などを出すということだが、学会改革が審議された際、私はこの名誉理事・会員制度について、これは無くしたほうが良いと主張した。名誉会員の制度は、米国の国際法学会がやっているように、外国人でその学会を支援してくれた人に限定すべき、と言う意見だ。学会の役員をやったからといって個人の名誉には直接繋がらないし、繋げるべきではないと。考える。私にも一度、名誉会員になるかどうか諮問があったが、丁重にお断りした。もう現役として国際法をやめるというなら、単純に退会すれば良い。私は八〇歳になったら、内外全ての所属学会を退会することにしている。そして、フルタイムの作家になる！

国際法協会

国際法協会（ＩＬＡ）には、東大大学院に入った直後から関わりを持った。大学院に合格した時、博士課程の先輩から「君を大学院に入れたのは、国際法協会日本支部で出版している国際法年報 *Japanese Annual of International Law* の翻訳・校正・編集をやってもらうためだ」と言われた。それまでこの年報の仕事は、その先輩がやっていたようだ。あたかも、その先輩が、大学院入試を取り仕切っているかのような言い方だった。こうして、大学院に在籍していた五年のうち、少なくとも三年は年報の編集作業のため、多くの時間を費やした。しかし、悪いことばかりではなかった。後年、英語で論文を書くための大切な訓練となった。若い時には、こうした「雑用」も、手抜きをせずにやっておいた方が良いということだ。年報はジャパンタイムズで出版されていたので、よくそこに出張校正に行き、編集担当者の人たちと仲良くなった。年報が完成すると、共同編集主任の高野・池原両教授主催の夕食会が学士会館別館で行われた。フルコースの洋食で、ウエイターはみな白いスーツに蝶ネクタイだが、食事そのものは貧相だった。ジャパンタイムズの人たちは、これを「ビアフラの宴会」と呼んでいた。

立教大学にいた頃、私は何年間か、池袋から四谷の上智大学に週一回通い、庶務主任を務めていた池原先生の研究室に伺い、事務局の雑用をこなした。先生はいつも、私が関心を持ちそうな話題で私に色々と知恵を授けて下さった。また、当時、会長を務めていたのは横田喜三郎先生だったので、横田先生と直接話をする機会にも恵まれ、「君のような人に後を託せることができて嬉しい」という親切な言葉をいただき、私はただただ舞い上がった！

ＩＬＡの本部から、日本で募金活動をやって本部を支援して欲しいと依頼され、日本支部の財政状況も将来悪化する恐れがあったので、横田会長は、下田武三最高裁判事（外務省出身、駐米大使など歴任）に募金委員長を依頼した。私はその事務局を担当した。下田委員長は池原教授と一緒に各企業を回って、「ＩＬＡに寄付するというのは貴社にとって大変名誉なこと、私はその名誉を貴社に与えるために、ここに来ている」と言って、各社から相当な額を集めて下さった。学会が募金活動を行うときの態度はこうあるべきだということを、私は下田判事から学んだ。卑屈になる必要は全くない、ということだ。下田氏のことを私は長い間「頑迷な右翼」かと思っていたが、ＩＬＡの次の世代のために全力投球で尽力されている姿を見て、私は考えを改めた。

トーマス・ベイティ

ＩＬＡ日本支部は、一九二〇年に設立されたが、これはベイティ博士という日本外務省の法律顧問を務めていた英国の国際法学者が日本側に提案したことだった。一九九九年にワシントンの米国国際法学会で英国のロウ Vaughan Lowe 教授に会った時、このベイティ博士のことが話題になった。ベイティ博士は戦前、法律顧問として日本の立場を擁護したため本国の英国から反逆者扱いをされ、一九五三年のエリザベス女王戴冠式に際しても英国に帰ることが許されなかった「悲劇の法学者」である。ロウ教授はオクスフォード大学の教授に就任したばかりで、一年後に就任記念講義をすることになっていた。その講義ではオクスフォードにおける歴代の国際法学者の業績を評価するというのが慣行で、そのためずっと図書館にこもって準備をしてきたのだそうだ。彼は、図書館の棚に、ベイティの本が並んでいるのに気がつき、彼のことを調べ始めたのだという。

そこで私は、日本におけるベイティの活動についてロウ教授にメモを送ることを約束した。このメモはその後書き加えて英国国際法雑誌に掲載された[19]。ベイティ博士の死去五〇年を記念したＩＬＡ日本支部主催のシンポジウムを、二〇〇四年四月九日、東大山上会館で行った。なんとか、彼の名誉回復を図りたいというのが、私の強い思いだった。ロウ教授や、ベイティ遠縁のゴーノール Martin Gornall 氏なども英国から参加して下さり、盛会だった[20]。

ベイティに関する英語論文を書いている時、彼の墓地を見ておきたいと考え、二〇〇一年の暮、彼が埋葬されている青山墓地を訪れた。そのお墓を探し当て、墓前に着くと、偶然、私と同年代の女性がそのお墓を掃除しているのに出会った。「ベイティ博士のご関係の方ですか?」と伺うと、中野さんという名のその女性は、父親が英国に留学したことがあり、ベイティ博士と懇意で、博士は時々彼女の家を訪問することがあったとのこと。毎回、運転手付きの黒塗りの車で来られ、お菓子やお土産を頂き、とても優しい人だったと、中野さんは回想された。荒れ果てたベイティ博士のお墓を見るに忍びなく、自分の親族のお墓も同じ青山墓地にあるので、いつも一緒にお墓の掃除をしたり、お花を供えたりしてきたのだそうだ。私はベイティに関する論文を中野さんにも読んでもらいたいと考え、日本語に翻訳した(21)。

ＩＬＡの主要な活動は、二年ごとに世界の各地で行われる総会で集約される。私は一九七八年のマニラ大会以来、十二回の世界大会に出席した。八六年ソウル大会、八八年ワルシャワ、九二年カイロ、二〇〇〇年ロンドン、二〇〇二年ニューデリー、二〇〇四年ベルリン、二〇〇六年トロント、二〇〇八年リオ・デ・ジャネイロ、二〇一〇年ハーグ、二〇一二年ソフィア（ブルガリア）、二〇一四年ワシントンＤＣ、である。それぞれに思い出がたくさんある。一九九二年のエジプト・カイロ大会は、私と奥脇教授、そして田中忠教授（タナチュー）と三人で一緒に行こうと計画した。ところが出発直前、タナチューが発病し、彼はその秋、亡くなってしまった。まだ、五〇歳だった。

二〇一四年のＩＬＡワシントン大会では、私が委員長を務めた「気候変動に関する法的側面」の報告書と条文草案が採択された。ＩＬＡの委員会は老齢の委員が多く、作業がなかなか進まないものが多い。私の委員会では、委員に若い人しか入れなかった。それで、六年という短期間で作業を終えることができた。その六年の間に、委員の間で、六人の赤ん坊が生まれた。ＩＬＡとしては、両方とも、初めての記録である。この委員会の成果は、報告者を務めたインドのラジャマニさんという聡明な女性研究者に負うところが大きかった。彼女はその後ハーグアカデミーでも講義し、今はケンブリッジ大学の教授である。

私はこの国際法協会（ＩＬＡ）日本支部の理事を、平成七年（一九九五年）一〇月より二〇二二年一月まで務めいた。平成二一年（二〇〇九年）一〇月より二〇一二年三月まで副会長、また、平二四年（二〇一二年）四月より平成二六年（二〇一四年）まで、代表理事を務めた。なお、国際法協会の会長や役員には、英語表記で「名誉」Honorary という称号がつくが、この場合の「名誉」とは、「無給」という意味である。

(19) Shinya Murase, "Thomas Baty in Japan: Seeing through the Twilight" *The British Yearbook of International Law*, vol.73, 2002, pp. 315-342. なお、この論文の執筆に当たって、当時オクスフォード大学大学院で歴史学を研究していたJoseph Altham 氏に、大変お世話になった。

(20) 当日の報告は以下の通り。ボーン・ロウ「二〇世紀国際法学におけるトーマス・ベイティ博士の位置」、マーティン・ゴーノール「トーマス・ベイティ博士の生涯」、中島敏次郎「外務省法律顧問としてのベイティ博士の業績」、篠原初枝「戦間期の国際法学説史におけるベイティ博士の位置」。
(21) 村瀬信也「トワイライトの向こうに ―― 悲劇の国際法学者トーマス・ベイティ」『外交フォーラム』二〇〇三年四 ― 六月号。

国際経済法学会

日本国際経済法学会には創立の時から関わったが、平成一六年（二〇〇四年）一一月より平成一八年（二〇〇六年）一〇月まで、理事長を務めた。二〇〇六年に退任する前、理事会構成員が余りに多くが年配者で占められていることに懸念をもち、それらの人に「私も理事を退任するので、先生もこの際退任して欲しい」とお願いした。「俺の生きがいを奪うのか」と怒る理事もいたが、大半の方には同意して頂き、若返りを図った。二〇〇六年の秋、旧理事会と新理事会を一日違いで開いたが、前者は老人ばかり、後者は若い人ばかりで、全く異なる景色に、私自身、びっくりした。

19　ハーグ国際法アカデミー

サマーコース講師

ハーグ・アカデミーでは、小田滋先生が一九六九年にサマープログラムで講義をしたのち、日本からは国際経済法の教授が講義を行ったが、準備不足でうまく講義が出来ず、その後うつ病になって自殺するという悲劇的な結果となった。そのため、その後長い間、誰も日本から講義をする人が推薦されなかった。一九八〇年代の終わり頃、ハーグアカデミーから、サマーコースの講師に推薦するとの連絡を受け、候補となる三つのテーマを提出した。一九九〇年に理事会メンバーのトゥルーボフ氏から、理事会は、提出された三つのテーマのうち「国際環境法と国際経済法との関係」というテーマに関心があるので、このテーマで、五年後の一九九五年のサマー・コースで講義をしてほしいと正式に依頼された。私を強力に推薦してくれたのは、このトゥルーボフ氏だった。思うに、私はいつも、国際法の「隙間」ないし「ニッチ」に注目して、自分の研究テーマを設定してきたように思う。最初の頃の「条約と慣習国際法の関係」というのも、ニッチだ(22)。

直前の一年間、その講義の準備に没頭した。英語での一回限りの報告や講演はそれまでも経験があったが、五回の講義を準備するというのは、初めてのことだ。全体が一貫したテーマで貫かれたものでなくてはならないし、それぞれの回で、何か新しい問題提起をする必要もある。

一日中考えても、一行も書けないような日もあった。すぐ、眠くなった。以前は、コーヒーを飲んで睡魔と戦いながら徹夜で頑張ったこともあったが、この時から、私はもう「頑張らない」ことにした。眠い時は眠る、そうしないと結局、集中できず、何も書けないからだ。そのスタイルは今でも変わらない。書斎の机の三メートル以内の距離に、いつでも眠れるよう、ベッドのあることが不可欠である。ついでに言えば、三メートル以内に、トイレのあることも望ましい。とくに老人になると、トイレが近くなる。そこで、ロダンの「考える人」の姿勢でいると、新たな発想が、絞り出されてくることも多い。

ハーグアカデミーの講義は何とか終えることができ、その後、半年かけて出版用の原稿をまとめることができた。一九九六年の講義集 *Recueil des cours* に掲載された。それによって、私の知名度が外国の学界で飛躍的に上昇したことを、いろいろな場面で知ることになった。日本人講師の中には、講義は行っても原稿を出さないで終わってしまう人が半数近くいるが、「なんと勿体無い！」と言わざるを得ない。

この頃、私のアメリカン・シスターのシャーロッテ・バンチは一九九五年に北京で行われた「世界女性会議」に招かれたが、共に出席したヒラリー・クリントンが行った有名な演説の「女性の権利は人間の権利」（Women's rights as Human rights）というスローガンは、実はもともとシャーロッテが作った標語である。シャーロッテは、クリントン政権の終わりの頃、同大統領から、「エレノア・ルーズベルト人権勲章」を受けている。女性解放指導者の殿堂入りも果たした。ラトガーズ大学教授で、同大の「女性指導者センター」Center for Women's Leadership の創始ディレクターとして今も活躍を続けている。

（22）村瀬ブログ「スキマの国際法学」https://livedoor.blogcms.jp/blog/smurase/article/edit?id=22241947

アジア開発銀行行政裁判所

ハーグアカデミーの講義集に私の論文が出たことで、アジア開発銀行の法務部長をしていた鈴木英輔氏（彼はイエールで博士号をとった）が私のことを思い出し、同銀行の行政裁判所の判事にならないかと言ってくれた。面白そうな仕事と思い、一九九八年八月から、裁判官を引き受けた。この裁判所は銀行とその職員の間で生じる紛争を処理するための機関だが、銀行は国際組織なので、五人の裁判官のうち、二人は国際法の専門家が入ることになっている、他の三人は労働法の専門家。国際法のもう一人の専門家は、フィンランドのコスケニーミ Martti Koskenniemi 教授だった。彼は批判法学のリーダーで抽象的な議論ばかりしている学者と思いきや、法律家として有能な人で驚いた。五人は半年に一度、一週間ほどマニラで合議する。判決文は、それぞれ割り当てられた事件について、予め書いてメールで配布し、それをマニラで合議し、判決として採択するのである。裁判所長は、ペンシルバニア大学のゴーマン教授で、この人から私は多くのことを学んだ。裁判所の事務局長は、当時マニラ大学の法学部長をしていたパンガランガン Raul Pangalagan 教授で、大の親友になった。今、彼は国際刑事裁判所（ＩＣＣ）の裁判官をしている。その後、ゴーマン教授が退任し、副所長だった私が所長になりそうな雰囲気になったが、私には到底、責任を取る資格も能力もないので、恐ろしくなって、二〇〇四年に辞任した。

この頃、外務省「外交政策評価パネル委員」（二〇〇二年から二〇〇三年）を務めた。余り記憶がないが、「外務省の人たちは、外交とは二国間外交のことだと考える人が多いのではないか。しかしもっと多数国間外交に力を入れるべきではないか」と、無責任なことを言っていたのを覚えている。

ザンビア訪問

国連事務局で一緒だったシンジェラとは、その後も長く親交を結び、二〇〇三年一二月から翌年一月にかけてザンビアの首都ルサカにある彼の家に泊めてもらったり、ビクトリア滝を案内してもらったりした。国立ザンビア大学のキャンパスに、「Aをとって卒業しよう、エイズではなく！」(Get As, not AIDS) と訴える大きなポスターがあった。当時、アフリカでは、エイズの蔓延がひどかった。ザンビアでも国民の平均寿命は三八歳という低さだ。アフリカの国は国内の部族対立が激しくそれが不安定化の要素となって内戦に至る場合が多いが、ザンビアにも七〇の部族が共存しているものの、部族間の対立はないようである。ベンバ族の言語は、意味は全然通じないが、その発音は、びっくりするほど、日本語とそっくりだ。ある時、隣国のジンバブエから日本の団体旅行者が、橋を渡って、ザンビア側からビクトリア滝を見たいと、国境を跨ごうとしたが、ザンビア側の入国管理官に「ビザがないとダメだ」と言われてしまった。旅行者たちは「ちょっと見るだけなのになあ」と仲間内で文句を言っていたら、その日本語を聞きつけた管理官が「君たち、ベンバ族なのか、それなら入ってもいい」と言われたという話がある。

ルサカ滞在中、当時、駐ザンビア大使だった石弘之氏を、シンジェラと一緒に、公邸に訪ねた。当時、外務省は民間人登用ということで、石さんに大使を要請したのだった。石さんは元々朝日新聞の記者で、私が国連事務局にいた頃は、ニューヨーク特派員だったので、国連で面白いことがあると知らせたりしていた。「名前は出さないから」ということで、彼のインタビューを受けたとき、国連の批判を一杯吐露したのだが、それが朝日新聞の一面に出てびっくりしたこともある。確かに、私の名前は出ていなかったが、「国連に出向中の都内私立大学で国際法を教えている助教授」とあり、エレベーターで日本人職員に会うと、「朝日に、出てましたね！」と言われ、往生したこともあった。石さんは海洋法条約を最初から最後までフォローした世界で五人しかいないジャーナリストの一人と言われていたが、同条約の交渉過程で「内陸国」グループの書記をしていたシンジェラにも、当時、時々会っていたらしい。ザンビアでは、大使でありながら、地方に出向いて取材を続け、『子どもたちのアフリカ』（岩波新書、二〇〇五年）などの名著を書いた。『感染症の世界史』（角川ソフィア文庫、二〇一八年）には、私も後にＩＤＩのプロジェクトで「感染症と国際法」（二〇二〇―二〇二一年）に取り組んだ折、お世話になった。

シンジェラ夫人はザンビア外務省に勤め、ジュネーヴの常駐代表だったこともあり、その時は、彼女の公邸に夫妻を訪ねた。シンジェラ一家は、東京の私の家にも泊まりに来たことがある。彼は、今は、首都に私立の「ルサカ大学」を作り、その学長におさまっている。

ハーグ国際法アカデミー学術理事会

アジア開銀行政裁判所と入れ替わるように、二〇〇四年、ハーグアカデミーの学術理事会のメンバーになるよう、要請を受けた。この場合もまた、米国のトゥルーボフ氏が、私を推薦してくれたようだ。ハーグアカデミーの方が、アジア開銀より、私に向いているのは確かだった。この理事会の仕事は、アカデミーのサマー・コースでの講師を指名することである。業績を評価し、推薦するという作業が中心となる。これまでは、欧米の講師がほとんどだったが、私はアジア、アフリカからの講師を増やすことに集中した。日本からの講師も飛躍的に増やすことができた。ハーグアカデミー理事会の理事長は、元国連事務総長のブトロス・ガリ氏、彼は学者でＩＬＣの委員を長く務めたこともある。いつも温和な態度で、心から尊敬できる感じの人であった。彼は、忙しい事務総長の時も、ハーグアカデミーの理事会だけは欠席したことがないと自慢していた。ブトロス・ガリ氏も、そしてクロフォード教授（オーストラリア出身、英国ケンブリッジ教授、ＩＬＣ委員、のちにＩＣＪ判事）も、いつも私の提案を支持してくれた。この二人について、私は、それぞれ亡くなった時に、ＩＬＣで弔辞を述べた（巻末の「参考」のリンク参照）。

もっとも、とんでもない失敗もあった。私はかつて国連事務局で一緒だったアフリカの同僚を推薦した。彼はその後、国連内で出世し、知的財産権の普及について世界各地を講演して回っていた。クロフォード教授も彼をよく知っていて、支持してくれた。ところが、全くの見込み違いだった。彼は、最初の回に、知的財産権について、短い「イントロダクション」のスピーチをやっただけで、あとは、彼の「知人の教授」に講義を任せた。国連ではいつもそういう形でやっていたようである。もとよりハーグアカデミーの理事会は、他の人が講義を代行するなどとは全く知らなかったし、そのようなことを認めるわけがない。最後のクラスには、その教授さえ来なかったので、事務局の人がホテルまで行って、首に縄をかけるように、本来の講師を会場に引っぱってきて、講義をさせたのだという。もとより、何の準備もなく、彼は一五分ほど、「コカコーラの秘密の原材料」について話し、文字通り「お茶を濁した」。ハーグアカデミーの受講料は非常に高く、学生たちは、当然のことながら、「こんな講義を聞くためにハーグに来たわけではない」と、怒ったという。私は、この知らせを聞いて、責任を取るため、直ちに、理事会に辞表を提出した。クロフォード教授や他のメンバーが、これは全員賛成して決めたことなので、村瀬だけに責任を負わせることはできないと言い、辞表は撤回した。

こういうスキャンダルは、珍しくないのかもしれない。私は、二〇一九年に中国の厦門（アモイ）の「アモイ国際法アカデミー」（ハーグアカデミーを真似て設立された）で講義をしたが、その年、米国国際法学会の会長も務めたこともある有名な女性法律家が講師を務めていた。彼女は、何の準備もなしにアモイに来たようで、人権規約のコピーを学生に配った後、「さあ、この中で、どんな問題に興味がありますか？それについて議論しましょう」と言って、彼女のセションを始めたという。学生たちはあっけにとられて顔を見合わせるばかり。誰かが、「それでは、表現の自由について」というと、ニューヨーク出身の彼女は「ニューヨーカーはゴシップが大好きなの」と、ゴシップを色々紹介して、一人で笑っていたという。

二〇〇七年ハーグ国際法アカデミーは、一九〇七年の第二回ハーグ平和会議百周年記念のコロキウムを開催し、私はそこで同会議における「アジアのプレゼンス」について報告するよう求められた。報告は引き受けたが、一九〇七年会議での「アジアのプレゼンス」という表題については違和感を覚えた。この会議に参加したアジアの国は、日本、ペルシャ（イラン）、中国（清）、シャム（タイ）のみだった。日本は一八九九年の第一回ハーグ会議では積極的な貢献を行ったが、第二回会議では、日露戦争に勝利した後だったので、もはや国際法の重要性を認めず、極めて後ろ向きだった。ペルシャは国が英国とロシアの勢力圏に分断されている状態だったし、清朝はもはや国家としての体（てい）を成していない状況だった。そこで私はテーマを勝手に変えてアジアの「ノン・プレゼンス」について報告することにした。その報告の中で焦点を合わせたのが、一九〇五年以降、日本に外交能力を奪われていた韓国から、秘密裏にハーグに派遣された「三密使」のエピソードだった。三密使は、日本の妨害工作で会議に出席することはできなかったが、記者会見で韓国の窮状を世界に訴えて、歴史的にも大きな意義を持った。私の報告については、会場で、コスケニーミ教授やフィリップ・サンズ教授が、微妙な問題を優雅に（gracefully）提起したと、絶賛してくれた。

ハーグアカデミーの理事を務めていたと同じ頃、二〇〇四年から五年間ほどだが、私は国際問題研究所の月刊誌『国際問題』の編集委員を務めた。編集委員の中で、国際法の専門家は私だけで、年二回、国際法の特集を出すことが、私の主な役割だった。同誌は、その頃から、インターネット版の出版だった。私は、活字によるハードコピーの出版も必要と考え、『国際問題』が出た後、同じテーマで、執筆者を増やした上で、本として東信堂から出版するということを、数年にわたって行った。当時、『国際問題』の編集会議を取りまとめていたのは、斉藤修さんという編集者で「インフォメディア」という小さな会社の社長を務めていた。彼は鬱病を患って薬を飲んでいると自ら言っていたが、とくに深刻な状態とは全然見えなかった。彼からの打ち合わせのメールに、「やはり活字でなければ、後世に残らない」とあったので、私も全く同感だと伝えた。その数日後、彼が亡くなったと聞いて驚愕した。二〇〇九年九月八日に開かれた「お別れ会」で、私はこの彼とのメール交換について話した。それから一〇年以上も経った二〇二一年の『国際問題』四月号に、久しぶりに、「感染症と国際法」という小論を掲載していただくことになったが、その時に校正をして下さった編集者の方が、斉藤さんと一緒に仕事をしていた方だということを知って、非常に懐かしく思った。「やはり活字でなければ……」と言った斉藤さんの言葉は重い。

二〇〇七年四月に、中国の西安で Sienho Yee 教授が主催したワークショップに参加。そこで、ルーマニアの外務省条約局局長の アウレスク（Bogdan Aurescu）氏と一緒になった。彼はまだ三十代前半だったが、補佐の人もついていた。私は無遠慮に「そんなに若いのに、どうして局長になれるの？」と聞いた。ルーマニアでは、ソ連崩壊と東欧の独立後、年配の人たちがみな退職を余儀なくされ、外務省に入ったばかりの若手が局長などを務めざるを得なかったとのこと。しかし、アウレスクは、非常に優秀な法律家で、隣国ウクライナとの黒海大陸棚紛争で、彼の訴訟指揮のもと、ＩＣＪで勝訴した。私は彼の招待で、二〇〇八年一月、ブカレストを訪問、ルーマニア国際法学会で講演をした。テーマは、前年から始まっていた安保法制懇で審議されている自衛権についてだったが、フロアーから色々と意見が出て、ＮＡＴＯに入って間もないルーマニアの立場がよくわかった。ブカレスト大学で彼が担当している国際法のクラスでも講演した。当時、彼は大統領の補佐を務めていたが、今は外務大臣。二〇一六年、私から誘って、ＩＬＣに立補し、当選。この五年間は、ＩＬＣで一緒だ。ルーマニアの外務大臣として、今は、隣国ウクライナをめぐる紛争の対応に大変な毎日だろうなと心配している。彼に「ルーマニアがウクライナの難民を受け入れるなどの支援をしていることに強い支持と連帯の気持ちを伝える」とメールで伝えると、すぐ「全力で頑張っている」と返事がきた。

20　安保法制懇

二〇〇七年のはじめ、外務省の小松一郎国際法局長から、折入って話したいとの連絡があった。近く、安倍内閣の下で安保法制懇が始動するので、そのメンバーになってほしいという要請だった。小松氏は政府内でこの懇談会の発足に関わった中心人物の一人で、その枠組みや手続きについての計画は概ね小松氏の周到な立案によるものだった。有名な自衛権発動や平和活動の「四類型」も小松氏の発案だった。彼とは三〇年来の友人で、私は是非とも彼の信頼に応えたいと思った。メンバーとなった一三人の殆どは安倍総理の「お友達」で、私はその数少ない例外だったし、大半は外交や防衛の専門家で、国際法の専門家で学界出身者は私だけだった。「法的基盤」と銘打った懇談会なのに、法学者が殆ど私しかいないのは問題だと思ったが、逆にそれはそれでやりやすい面もあると考えた。懇談会の詳細は、村瀬「共鳴と批判：小松一郎氏との交友三三年」（村瀬他編『国際法の実践：小松一郎大使追悼』信山社二〇一五年）という随想に詳しく書いた。初回会合の直前に、私の編集した『自衛権の現代的展開』（東信堂、二〇〇七年）という本が出版されたので、各メンバーに配布した。まるで、この懇談会を予定して出版したかのような良いタイミングだった。

法制懇では、自由に議論してもらって構わないということだったので、私は毎回、七頁ほどの詳しいレジュメを作って行った。事務局に配布をお願いしたが、当時の柳沢事務局長（防衛省防衛局長）は配布に難色を示したので、「それでは自分で配布します」と言って自ら各委員の席を回って配布した。安倍総理が、懇談会の席上で、毎回、私のレジュメに目を通し、脚注と照合しているのを見て、真面目な人なのだ、という印象を持った。このレジュメ集は、その後整理して「安全保障に関する国際法と日本法：集団的自衛権及び国際平和活動の文脈で」ジュリスト一三四九─五〇号、二〇〇八年、に掲載した（村瀬『国際法論集』（信山社 二〇一二年に再録）。集団的自衛権に関する従来の日本政府の立場は、日本はこの権利を国際法上「保有」するが憲法上「行使できない」というものであったが、われわれの見解は、憲法解釈は国際法整合的でなければならず、日本が国連憲章の当事国である以上、この権利を保有することはもとより、保有する以上、これを行使できるのは、言うまでもない、ということであった。

安全保障は、具体的な国際関係の中で考えなければ意味がない。絶対的平和などというのは空語でしかない。日本を取り巻く安全保障環境が変化する中で、その法的基盤も柔軟に再構築していかなければならないのだ。自衛権について言えば、一九四七年の新憲法採択の時、横田喜三郎博士は、わが国は自衛権を持たないと述べたが、占領下にあり、主権を持たない当時としては当然のことであった。その後、日本が独立を回復した時、日本は個別的自衛権（日本自身が攻撃されたときに反撃する権利）のみを有するとした。さらに、一九七二年には政府の統一見解として表明し、集団的自衛権については、国際法上「保有」はするが（政策としては）「行使」しないというのも、当時の国際関係からは妥当であっただろう。しかし、今日の情勢は、そうした「解釈」はもはや妥当しない。集団的自衛権は、自国が攻撃を受けていなくても攻撃を受けた他国を守る権利だから、という理由で、日米安保体制のもとで、米国の若者が日本を守るために日本海まできて北朝鮮からの攻撃に備えているのに、わが国の領土や船艦が攻撃されていない段階では、米艦が攻撃されるのをただ見ているだけしかできないというのは、いかにも自分勝手な言種である。解釈を変更するというのは戦後四度目のことであり、安保法制懇の提言は、時機に見合った憲法解釈の変更であったと言わなければならない。もとより解釈には一定の限界があるが、その枠内で、解釈の変更をすることは、十分に認められる。私の立場は、このような解釈の見直しをしていけば、とくに憲法改正の必要はないはず、というものである。

二〇〇八年、安倍内閣が、突然、総辞職してしまったので、懇談会の第一次報告書は、次の福田内閣に提出されたが、何の反応もなかった。二〇一二年五月にフランス大使になっていた小松氏にパリで会い、一緒に夕食をとった際、「安倍総理がもう少し頑張ってくれていたら、何とか形にできたのになあ」と二人で嘆息した。まさかその半年後に第二次安倍内閣が成立するとは、夢にも思わなかった。政権復帰した安倍首相は、われわれメンバーに「安保法制懇をやり遂げるために、戻ってきました」と言って、二〇一三年早々、懇談会を再開した。小松氏は内閣法制局長官に就任、安倍総理の「やる気」が示された人事であった。懇談会は集中的に議論を煮詰め、二〇一四年五月一五日に報告書を提出した。小松氏は病魔に襲われたが、最後まで法制懇の進捗を見届け、次の日（一六日）に法制局長官を辞任、その一か月後、静かにこの世を去った。この報告書の線に沿って、その後、安保法制の大改正が行われたことは、周知の通りである。

私は外務省の人たちと協力して、一年後、小松氏の追悼論文集を出版した（『国際法の実践：小松一郎大使追悼記念』信山社、二〇一五年）。その本には、安倍総理にも追悼文を寄稿してもらい、私学会館で行われた出版記念会にも出席して下さった。

この安保法制懇への参加で、私は、国際法の専門家として非常に大きな充足感を持った。

ＩＣＵの卒業論文で自衛権を考察して以来、折に触れて自衛権について論じてきたことが、実践的な場で、これを生かすことができたことは、大きな喜びであった。法制懇の報告書は、国際法学会の人たちからは、概ね、強い支持を受けた。しかし、憲法学会などでは、不評であったらしい。その頃、小田滋先生から私を日本学士院の会員に推薦したいから必要な書類を用意するようにと言われ、お送りした（平成二四年二月二日付け上智大学法学部長推薦状）。もう一人の当時の学士院メンバー・石本泰雄先生は、学士院に、自分がいつ死ぬかは「予定も予測もできない」が、「その予感はするので、村瀬君を会員に推薦したい」と手紙を書いて、私にもそのコピーを送って下さった。ところが、私の安保法制懇での活動について護憲派の憲法学者がイチャモンをつけたようで、この話はないことになった。

安保法制懇のメンバーだった頃は、テレビによく映った。法制懇では議長（柳井大使）、その右隣が安倍首相、官房長官の順に座り、その後は名前の五〇音順だ。私は柳井大使のすぐ前で大体いつも安倍首相の一人置いて左隣という位置だった。第二次の法制懇で北岡教授が議長を務めた時も、柳井大使が海洋法裁判所の仕事で欠席が多かったので、テレビを見ていた人は、前列に座っている私が、あたかも副議長か何かと誤解したようである。このテレビニュースは中国でもよく放映されたようで、何人かの中国の知人が「テレビで見たよ」と言っていた。

21　気候変動政府間パネル（ＩＰＣＣ）

ＩＰＣＣは気候変動に関する各国科学者の合議体として一九八八年に発足し、二〇〇四年に、第四次のパネルがスタートした。もとより自然科学者が中心だが、社会科学者も含まれるようになってきていた。私は社会科学者の一人として経産省から推薦を受けてＩＰＣＣの共同主要執筆者 lead author となった（自然科学者は環境省から推薦された模様）。私は、ＩＰＣＣの第三作業グループに入り、報告書第十三章の「将来枠組」の章を他国の執筆者と共同して担当することになった。他の執筆者は経済学者や国際関係論の専門家が殆どで、ここでも、私は唯一の国際法学者だったため、安保法制懇と同じように、私の独壇場に近く、やりやすくて、気分は良かった。私は、一九九七年の京都議定書が先進国にのみ固定的な義務を課し、途上国には何の義務も課さない片務的な制度は破綻していると力説し、もっと柔軟な「誓約と審査」すなわち、各国が自主的に削減目標を誓約し、それを各国で「ちゃんと誓約を守ってないじゃないか」と審査するというシステムにすべきだと主張し、かなりの部分が取り入れられた。このＩＰＣＣの会議は、世界各地で行われ、ペルー（リマ近郊のリゾート地）、中国（杭州）、ニュージーランド（クライストチャーチ）などを訪れた。

同じ時期に、ＩＰＣＣに対応する国内組織として、経済産業省に「産業構造審議会気候変動将来枠組小委員会」が設置され、私はその委員長代理を務めた（二〇〇四年から二〇〇七年）。

二〇〇七年にＩＰＣＣ第四報告書が完成。その年、ＩＰＣＣは米国ゴア副大統領と共に、「ノーベル平和賞」を受けた。私のところにも、ＩＰＣＣ事務局から「ムラセシンヤは、ＩＰＣＣのノーベル平和賞の受賞に貢献した」と記された賞記の写しが送られてきた。ノーベル賞は、もとより団体としてのＩＰＣＣに贈られたものであり、個人に対するものではないが、上智大学の私のゼミのメンバーに「村瀬教授、ノーベル賞受賞？」と、やや恥ずかしさもあって、クエスチョン・マーク付きで、メールを送った。しかし学生たちからの返事が全くない。不思議に思っていると、このメールを受け取った私の学生たちは、みな、「迷惑メール」だと思って、開かずに、削除したとのこと。上智大学関係者でノーベル賞受賞に関わった人はこれまでいないと思われるので、私の給料が何倍かに増額されるのではないかと期待したが、そういうことにはならなかった。それどころか、間もなく私は六五歳となり、特別契約教授に降格されて、給料は三分の一に減額された。

南極審議会

この南極統合本部というのは、総理大臣を議長とする格式高い審議会である。一九五〇年代後半に、国力をかけて南極観測に挑んだ頃の名残であろう。私がなぜこの審議会の委員に推薦されたのかは不明である。私は寒いところが大の苦手で、いずれにせよ、私が南極について貢献できることは何一つなかった。私が記憶している唯一の議題は、「次期南極観測船の名称の件」。一九五七年に就航した初代「宗谷」、一九六五年の二代目「ふじ」そして三代目の「しらせ」（一九八三年）と続いたのだが、この「しらせ」も二〇〇八年に退役となり、新しい観測船の名前をどうするかが諮問されたのである。私は、「しらせ」の後継なら「むらせ」はどうかと言った（提案したわけではない）が、観測船は海上自衛隊の船で、自衛隊の船は地名から取ったものでなくてはならないという原則があるとのこと。「しらせ」は南極に「白瀬平原」というのがあるそうだが、村瀬という地名はまだないので「むらせ」は諦めざるを得なかった。結局、二〇〇九年就航の新しい観測船の名前は「（二代目）しらせ」ということになった。

22 国際法委員会（ＩＬＣ）

私のＩＬＣとの関係は、これまでも書いてきたように、長く深い。日本は、国連に加盟（一九五六年）して以来、継続的に委員を出してきた。最初は横田喜三郎博士（東大教授）で、学者委員だったが、博士は一九六〇年に最高裁長官に就任したので、退任。その後は、鶴岡千仭大使が二〇年、小木曽本男大使が一一年、そして山田中正大使が一七年務めた。当時、国際司法裁判所（ＩＣＪ）、国際海洋法裁判所（ＩＴＬＯＳ）、国際刑事裁判所（ＩＣＣ）などのポストが全て外務省出身者によって占められていたので、ＩＬＣには学界出身の私が久しぶりに推薦されることになったようだ。山田大使は、「越境地下水」の問題の特別報告者として、二〇〇六年に第一読を終えたころ、癌と診断されて通院治療を続けておられたが、二〇〇八年に第二読を終了した段階で、辞任を決められた。

任期途中の欠員の場合は、ＩＬＣ自身で選挙することになっている。山田大使は国連での「選挙の神様」と呼ばれるだけあって、細心の注意を払って私へのバトンタッチを図られた。自身の辞任の表明は二〇〇九年三月三一日。選挙の日までに余裕がありすぎると他国から候補が出てしまう可能性があるからだ。ＩＬＣ委員は自国に滞在しているとは限らないので、どこにいるかを予め調べておいて、辞任表明と同時に各国に駐在する日本の大使を通して、個々に村瀬への支持を依頼するという周到さだ。

そのおかげで、私は無投票で当選。二〇〇九年五月からＩＬＣに参加することとなった。上智では、ちょうど二〇〇九年で正規の教授職の定年となり、その後五年間は特別契約教授となり、給料は大幅に減少したが、授業の負担は一コマだけになって、スケジュール面では都合よかった。最初の月、外務省から、滞在費や日当など、かなりの額の出張費が振り込まれてきたが、それらは国連から支給されているので、お断りして、全額返納した。なお、二〇一一年、山田大使傘寿記念論文集『変革期の国際法委員会』（信山社）を刊行することができた。

ＩＬＣ委員の質の低下

ＩＬＣ委員になって間もなくの頃、アジア・アフリカ法律諮問機関（ＡＡＬＣＯ）の会議で、ニューデリーに行く機会があり、そこで、ラオ P. S. Rao さんと話した。ラオさんはＩＬＣ委員をやめたばかりだったが、現役中は、特別報告者として「越境損害における防止義務」などの条文草案をまとめた非常に有能なインドの法律家である。彼によれば、三四人のＩＬＣ委員は、二割ずつ、五つのグループに分類される、という。第一のグループは、ＩＬＣの会議にそもそも出でこない委員、第二グループは、出席してもＩＬＣで何が起こっているか理解していない委員たち、第三グループは、何が起きているかは分かっていても発言しない委員たちで、これらは三つのグループの二〇人ほどは、いずれも、ＩＬＣには全く貢献しない委員たちである。第四のグループは、発言はするが、「的外れ」out of tune な発言が多く、このグループも結局、ＩＬＣの作業には貢献していない。こうして、ＩＬＣを実際に動かしているのは、最後の第五グループに属する二割の委員（六、七名）ということになるというのだ。ラオさんのこのグループ分けは、何だか、私の高校時代のクラス構成に似ていると思った。私は、高校時代、「的外れ」グループだったが、ＩＬＣでもそうなるのではないかという予感を持った。それは大体において正しかったようだ。

因みに、第一グループの代表格はカタールの委員だ。彼は司法長官をしていて忙しい身だとのことだが、毎年、一週間ほどＩＬＣに来て、一回だけ短い発言をし、後はずっと欠席だ。それをもう一五年も続けている。カタールを支配している王族の一員らしく、ジュネーヴにもニューヨークにもプライベート・ジェットで来る。パリで踊り子に赤ん坊を産ませたとル・モンドに書かれたこともある。彼は潤沢なオイルマネーを各国にばら撒いて、選挙ではいつも当選してしまうのである。

国連総会第六委員会は、ＩＬＣの親委員会なので、二〇〇九年以降二〇一九年まで、毎年、日本代表団の顧問という形で参加してきた。

国際ドブ板選挙運動

ＩＬＣの選挙は、日本のドブ板選挙とよく似ている。候補者は国連総会で一票をもつ各国を個別訪問して投票のお願いをする。こうして、二〇〇九年の冬休みには、二〇一一年の国連総会での選挙を見据えて、選挙活動を行なった。気候変動に関する科研費で、パラオ、フィジー、ツバル、バヌアツなど太平洋の島嶼国をめぐり海面上昇の調査を行い、併せてそれぞれの国の首相や大統領に面会して国連総会での支持を訴えた。

ツバルは人口九六〇〇人の「超ミニ・ステート」だが、総会では一票を持っている。ツバルの首相に会った。貴賓室で待っていると、半ズボンの大柄な人が入ってきて、最初はこの人が首相とはとても思えなかった。ラグビーチームのコーチで忙しいと言っていた。面会は一五分で終わった。ツバルには飛行機が一週間に一度しか来ないので、一週間はどうしても滞在しなくてはならない。暑くて昼間はとても外には出られず、ひたすらホテルの部屋で、司馬遼太郎の長編『坂の上の雲』を読んで過ごした。ツバルの人たちも、暑くて昼間は外に出ない。夕方になると、島の端から端までの「ツバル・ロード」をバイクに二人乗りして、行ったり来たりし、すれ違う時お互いに「ハーイ！」と手を上げる。生産活動というものが殆どない。ツバルのインターネット国別コードがｔｖなので、世界中のテレビ局がアドレスにｔｖの使用を望み、その使用料がツバル国家予算の殆ど唯一の収入源と思われる。

ツバルには島の真ん中に、それこそ「身分不相応」な立派な滑走路がある。人々はそこでサッカーやラグビーをやったりする。週一回、飛行機が来るときは、島にある唯一の消防自動車がサイレンを鳴らして人々を退避させる。第二次大戦中、ツバルは日米の激戦地で、最終的に米国が占領。ここを日本爆撃の発進拠点とするため、米国はこのような立派な滑走路を造ったのである。そのとき、セメントは本国から持ってきたが、砂は現地調達で、そのためツバルの至る所に、砂を掘った穴がある。戦後、人々は、これをゴミ捨て場として利用してきたが、海の水は地下で陸地を行ったり来たりする。ゴミで汚染された水は、海に流れ、珊瑚礁を死滅させた。かつては白い砂浜だったツバルの海岸が、今は大きく姿を変え、海岸線は後退し、それが島の海への沈没を加速しているのである。ツバルの沈没は、気候変動による海面上昇に起因する部分もあるにはあるが、それよりは、多分にゴミ処理システムの欠如に起因するものと考えられる。

パラオには私の立教での最初の学生だった高島君が臨時代理大使で駐在していた。彼は、トリビヨン大統領との面会を設定してくれたほか、政府要人との夕食会を催してくれた。パラオには、二〇一四年にも訪問し、レメンゲサウ大統領に「大気の保護」への支持を要請した。パラオの上院（議員数一〇名）でも講演し支持をお願いしたところ、上院は大統領に「大気の保護」の議題について国連での支持を確保し、将来の条約化に向けて努力するよう勧告する決議まで採択してくれた[23]。高島君は、この時すでにアイスランドに転任していて、そこにも是非きてくれと言われていた。私はすでに北欧四国（スエーデン、ノルウェー、フィンランド、デンマーク）は訪問していたので、アイスランドへも是非行きたいと思っていたが、突然、高島君は病気で亡くなってしまった。残念としか言いようがない。

バヌアツは、昔、独立以前は、ニューヘブリデスと言って、英国とフランスの「共同統治」が行われていた。島では、二つの言語、二つの法律、二つの警察、二つの監獄、二つの学校が並存していた。観光客は到着すると、英国の入管を通るか、フランスの入管を通るか選ぶことができた。私は、このコンドミニウムという制度が、北方領土に適用できないかと考え、バヌアツから毎日新聞の声欄に原稿を送って、採用された（毎日新聞二〇一〇年一月七日付、村瀬『国際法論集』三七一―三七二頁に再録）。私の提案は、北方領土を日露の共同統治にして、両国の法律を並行的に適用し、警察も裁判所も、二つ作る。「国際平和大学」を新設して学長も二人……といった感じのものだ。日露の交渉が全く進展していない状況で、私は今でも、これが一つの妥協策ではないかと考えている。

二〇一〇年八月には、選挙運動も兼ねて、タンザニア・ダル・エス・サラームにおけるアジアアフリカ法律諮問機関（ＡＡＬＣＯ）総会にも出席、同年秋にはロシアも訪問した。ヤロスラーブリという街で、メドベージェフ首相が、ダボス会議のロシア版のような会議を開き、各国から参加者を招いたのだ。モスクワで、外務省を訪れ、次の年のＩＬＣ選挙での支持を依頼した。ロシアが実際私に投票してくれたかどうかは不明である。

ＩＬＣのメンバーになった直後から、私は「大気の保護」と言うテーマを取り上げるべきだと主張し、長期計画作業部会で審議してもらっていたが、その議題の採択がかなり現実味を帯びてきたので、二〇一一年から本格的にその準備にかかった。まず、一月にケニア・ナイロビの国連環境計画（ＵＮＥＰ）を訪問し、そこで二回にわたり「大気」の環境問題についてワークショップを開いて専門家の意見を聞くことができた。この会合をアレンジしてくださったのは、当時ＵＮＥＰの法務部で部長代理をしていた長井正治氏で、長井氏はその後、ＩＬＣにおける「大気の保護」について、さまざまな面でサポートして下さった。ナイロビ会合の後、ジュネーヴやニューヨークでも「大気の保護」についてワークショップを行ったほか、ＩＬＣで議題として採択された後は、大気に関する「科学者との対話」セションを三回行ったが、長井氏はそれらの会合にも参加し、毎回、貴重なコメントを頂いた。

二〇一一年秋に、国連総会での通常選挙。国連には公職選挙法がないので、日本では許されないようなことが行われている。投票日の朝、国によっては、総会での選挙の際、各国代表にチョコレートを配ったり（スイス）、特産の香水を配ったり（ブルガリア）、またコーヒーを配ったりしていた（コロンビア）。カタールの候補は、前にも書いたように、オイルマネーを多くの国に配って、いつも当選しているので、悪質である。日本はもちろん、そのような、えげつないことはしない。私は、二〇一一年に、上智大学出版から、私の英文著書（*International Law: Integrative Perspectives on Transboundary Issues*）が出版されたので、この本を各国の代表に、名刺がわりに、渡した。この時も、山田大使はニューヨークで私の選挙のため、旧知の各国国連大使を回って、支持を取り付けて頂いた。その結果、私はアジア・グループで最高得票での当選を果たした。

私が山田大使と最後に会ったのは、二〇一二年秋の国際法学会で一緒にＩＬＣに関する報告をした時である。この学会には、カナダからマクレイＩＬＣ委員も招待されていた。山田大使は報告時間まで別室で横になっておられた。報告を終わって帰えられる時の後ろ姿が、なんとも寂しいものだったことを覚えている。山田大使は二〇一三年三月に亡くなられた。二〇一三年のＩＬＣ会期の冒頭、山田大使追悼の特別セションがあり、多くの委員が追悼の言葉を捧げた。みな異口同音に、山田大使がいかに温和で協調的な人物であったかを強調していた。

山田大使の後に日本からＩＬＣにきた私は、大使と対照的に「協調性がない」と批判されているようだった。確かに私は、委員が変なことを言うと、容赦しないことが多かった。大学院以来、私は人のペーパーを見ると、これをどうやって批判するか、ということばかり考えて生きてきた。対照的にＩＬＣでは、「このペーパーは素晴らしい」と賞賛してから、そのコメントを述べるのが慣わしになっているが、私には白々しくてとてもそういうことが出来ない。親しくなったスロベニアのペトリッチ委員などが、他の委員に「村瀬はサムライだから、傍に寄ると切られるぞ」などと冗談を飛ばしていたが、私は満更でもなかった。

ペトリッチ委員のスロベニアからは国際環境法会議で招待を受けたが、残念ながら、スケジュールが合わなかった。その代わり、隣のクロアチアは、二〇一五年六月に訪問することができ、ザグレブ大学で講演する機会を得た。

二〇一六年は国連総会でのＩＬＣ選挙の年で、私はもう自分の選挙については心配していなかった。二〇一一年の時と同じように国連本部のデリゲーツ・ラウンジで選挙運動をしたが、自分のことよりも他の候補、とくに、イランのモムタズ教授とマレーシアのモハマド候補（元ＡＡＬＣＯ事務局長）のことの方が心配だった。私の先任の山田中正大使も、この二人のことはいつも支援していた。国連代表部の日本の別所大使が、私の選挙のためにレセプションを開いて下さったが、私は集まった各国代表に、自分のことよりもこの二人がいかに素晴らしい候補であるかを強調した。「国際法の基礎は友情であり、今夜のこの集まりは、それを確認する機会にしてほしい」と結ぶと、連日のレセプションでそれぞれの国の候補が自己宣伝することにうんざりしていた各国の代表は、私の意外な話の内容を大いに喜んでくれた。せっかく私のためにレセプションを開いて下さった別所大使はさぞお怒りかなと思いきや、別所大使は素晴らしい外交官で、私の話が終わると「みなさん、友情のために乾杯しましょう！」と呼びかけて下さった(24)。

ＩＬＣでは、特別報告者にならなければ、委員としている意味は余りない。特別報告者であれば、自動的にビューロー（執行部）の一員となるので、ＩＬＣ内で何が起こっているかを常に知ることができる。私は就任直後から、越境大気汚染や気候変動などに関する「大気の保護」と言うテーマについて扱うべきだと主張し、二〇一一年には、ＩＬＣ内でも合意を取り付け、国連総会第六（法律）委員会の了承も得た。しかし、二〇一一年秋の選挙で、新たに委員となった米・仏・露の委員が反対を表明し、英国と中国の委員は二〇一一年合意に賛成していたにも関わらず反対に回ったので、二〇一二年の委員会では、議長（スイスのカフリッシュ教授）の優柔不断な態度のため棚上げになっていた。この時、私は、サムライらしく、席を蹴って抗議の委員辞任を表明しようと考えたが、他の委員、特にアルゼンチンのカンディオッティ委員などが慰留してくれた。この時、私の祖先は、小牧・長久手の戦いでサムライから農夫に転向したことを思い出し、サムライの名誉やプライドよりも、屈辱に耐え、地を這うように生き続ける農夫の忍耐の方がはるかに重要だと、思い知ったのである。こうして、二〇一三年にニーハウス議長（コスタリカの元外相）が妥協点を見出す努力をしてくれて何とか「大気の保護」は議題採択に至った。後述のように、その八年後、二〇二一年の会期で、「大気の保護」に関するガイドラインが採択され、この議題は終了したのである。

(23) パラオ上院二〇一四年四月二四日（九―三三号）決議
(24) Friendship: s-murase.blog : https://s-murase.blog/2017/09/02/friendship/

23　万国国際法学会

二〇一一年、ＩＬＣに再選されたその年、私は万国国際法学会（ＩＤＩ）のロードス島での会期で、準会員に選出された（六年後、正会員）。ＩＤＩは、一八七三年に創立の古い学会で、会員数は百名に限定されていた。その後、途上国の学者も入れるようにするため三〇名ほど増員され、今は、八〇歳以下の会員は一三二名、という形で拡大されている、八〇歳以上の会員を含めると全部で一七六名だ。国際法学者の「老人ホーム」で、現会員が死亡して空席ができないかぎり補充しないという閉鎖的な学会であることに変わりない。新会員は選挙で選ばれ、それまで日本から推薦された人で、一回目の投票で当選した人は、それまで小田先生だけだったが、私は一回で当選できた。中国のシュエ Xue ＩＣＪ判事が、日本の小和田判事と共に、選挙前に演説して、私への投票を呼びかけてくれたそうである。

ＩＤＩ日本支部にとっては、私を当選させることが、是非とも必要であったと思われる。私は知らなかったのだが、二〇一三年のセションは東京で開催することになっていたためだ。当選すると同時に私は開催国の事務局長（つまり、募金責任者）に就任を余儀なくさせられたのである。当時、日本支部は、小田判事は東京だったが、病気がちということで、東京大会にも出席されなかった。小和田判事はハーグ在住、あとの安藤仁介、藤田久一の両会員は京都在住であったから（藤田久一会員は二〇一二年逝去）、東京には誰も事務局長を務める人がいなかったのだ。東京大会をやるには、ゆうに五、六千万円以上は集めなければならない。そのことを知って、私は青くなった。

それだけではない。私には、ＩＤＩのためにそうした活動をする立場にないと言う事情もあった。ＩＬＡの東京大会を二〇一四年に開催することで決まっていたのだが、二〇一一年三月一一日の大震災のため、その準備ができないので、二〇二〇年に延期するようＩＬＡ本部理事会で了承してもらったばかりの時期だったからだ。私は日本支部の会長として、ロンドンの本部理事会に出席し、今の状況では到底、募金活動も出来ないと訴え、各国理事の了承を得た直後だったのだ。

しかし、ＩＤＩでは、東京大会の開催がもう決まってしまっており、変更不可能という。仕方がない。その矛盾は自分で飲み込んで、やるしかない。それからの二年間、私は大企業の本社を回って、募金活動を行うことになった。少なくとも、五〇社は回っただろうと思う。早稲田の古谷教授、河野教授、それに道垣内教授の協力を得て、いくつかの企業から好意的な返事をもらうことができたが、しかし最初は、どの会社も冷たかった。募金が集まらなかったら、どうしようか？　その時は、自宅を売るしかない、と考えた。この時期、就職活動中の学生たちとよくすれ違った。彼らの場合と同じように、私にとっては、この会社訪問が、貴重な社会勉強の機会となった。福田元総理や、経団連会長が支援してくれるようになって、段々と空気が変わってきた。とくに、二〇一二年一二月、三年続いた民主党政権が崩壊、安倍政権に代わった途端、嘘のように、お金が入ってくるようになった。結果的には、六千万円近くの募金が集まった。当初の予定では、東京だけの開催だったが、閉会式は京都で行うという余裕も出来た。

こうして、二〇一三年ＩＤＩ東京大会は成功を収めたし、後述のように、私は「感染症と国際法」のプロジェクトで報告者を務めることもできたので、ＩＤＩの会員になれてよかったとは思うものの、前記のように、ＩＤＩは現会員が死なないと新会員は補充されないという制度なので、世界中でＩＤＩの会員になることを希望している人から「あいつ、早く死ねば良いのに」と言われているような気がして（もちろん、そういう人は実際にはいないと思うが）、寝覚めが良くない。

ＩＤＩの総会は二年に一度、世界のいろいろなところで行われる。二〇一五年はエストニアのタリン、帰途、ウクライナに立ち寄り、商社に務める上智の卒業生の案内で、首都キエフの街を見て回った。キエフには東欧では有名な国際法研究所があり、そこでＩＬＣについての講義を行い、同国の国際法の専門家と交流することができた。また、同国の外務省関係者とも会って、ロシアによるクリミア半島の併合や東部地域への侵攻について意見交換の機会を持った。二〇一七年にはインドのイスラマバードでＩＤＩ総会があり、そこで私は三回目の総会出席を果たして、ＩＤＩの正会員となった。

なお、この間、平成二五年（二〇一三年）から令和二年（二〇一九年）まで　常設仲裁裁判書国別裁判官に名を連ねたが、とくに記すべき活動はない。

二〇一三年春には、外務省の依頼で、ニューヨークのコロンビア大学やニュージャージーのウイリアム・パターソン大学、ワシントンのジョンズ・ホプキンズ大学（ＳＡＩＳ）、など米国東部の各地を回り、日本の尖閣列島問題についての立場を講演した。米外交に大きな影響力を持つ外交戦略研究所（ＣＳＩＳ、Center for Stratregic and International Studies の ジャパン・フォーラムでも講演したほか、米国国務省のジャパン・デスクの人たちとも意見交換した。

二〇一六年四月にノルウェーに出かけ、科学アカデミーで「大気の保護」について講演したほか、オスロ大学法学部でも講義を行った。

同様の講演旅行は、二〇一八年一月にも行い、シンガポール、マレーシア、ベトナムで、行った。当時駐マレーシア大使だった宮川眞喜雄大使が中心になってアレンジして下さったプログラムだったが、これらの三か国で、それぞれ「南シナ海紛争」と「大気の保護」について講演した。シンガポールでは、司法省と南洋大学で講演した。マレーシアでは、旧友モハマド教授（前・AALCO事務局長）が学長をしているマレーシア工科大学に招かれた。同大学近くの通りには「ウエルカム・ムラセ教授」の横断幕や看板が掲げられ、あたかも外国元首のような歓迎ぶりで、びっくりしたが、講演会場には千人を超えるかと思うほどの大勢の聴衆が（おそらく学長命令で）集められていた。こんな大勢の人の前で話をしたのは、人生初めてだった。宮川大使がクアラルンプール駐在の外交団を集めて講演会と夕食会を開いて下さった。ベトナムでは、ILC委員のグエン教授の案内で、ベトナム外交アカデミー、およびハノイ大学法学部で、講演した。夕食会を主宰してくれたベトナム外務省の条約局長のマイさんという女性は、横浜国立大学で学び、国際法の博士号をとったとのことで、同大の森川俊考教授や柳赫秀教授など、共通の友人の話で盛り上がった。

ＩＣＪの小和田判事と東大の大沼保昭教授がアジア国際法学会の設立に尽力され、二〇〇九年には第一回大会が東京で開かれたが、私はこうした「地域的」学会には、国際法の断片化に導くとして賛成ではなく、また、従来からの大沼教授との、余り良好とは言えない関係もあり、参加しなかった。ところが、二〇一〇年、ＩＬＣで Xue Hanqin から、「日本の主要な国際法学者はなぜこの学会に参加しないのか」、「いずれにせよ、二〇一一年には北京で第二回大会が開かれ、私が会長になるのだから、入りなさい！」と命令された。それで、仕方なく、会員になり、二〇一一年の北京大会にも参加して、私にも報告の機会が与えられた。[25]

この時、人民大学の朱（Zhu Wenqi）教授と知り合い、二〇一二年以降、彼が主宰しているジェサップ国際法模擬裁判の中国大会に裁判官として招かれることになった。二〇一二年に初めて北京でジェサップ模擬裁判に裁判官として参加した時の衝撃は忘れられない。もとより私は以前から日本でジェサップに参加していたが、中国のレベルはそう高くないだろうと、たかを括っていた。ところが、中国の学生たちの弁論は、その流暢な英語と共に、内容も極めて優秀なものだった。ほとんど、プロの国際弁護士の弁論を聞いているような感じだ。ＩＣＪの二週間前の判例も、少数意見も含めて、全て自分のものにして、弁論している。この学生たちが数年後に中国の外務省に入れば、日本の外務省はとても太刀打ちできないだろうと思われた。その晩は、眠れない一夜を過ごした。日本の国際法学会の何人かの友人にメールを出し、このままでは大変なことになる。日本のジェサップは日本語でやっているが、やはり英語でやらないとだめだ。しかし、日本の国際法の教授は、英語で裁判官を担当する人が圧倒的に少ないから、中国がやっているように、裁判官には欧米の法律家を招く必要がある、そのためには募金活動をして、外国の裁判官を招くための財源を確保しなければならない……、などと悲痛な訴えをした。

もっとも、私の心配は、必ずしも当たらないことが、後で分かった。ジェサップに参加している中国の学生たちのほとんどは、欧米の大学に留学する。自分で外国の大学の進学した学生たちを中国外務省は信用しないので、彼らは採用されないのだ。外国留学したければ、シュエさんのように、外務省から派遣される形でなければならない。だから、ジェサップの学生たちが外務省で活躍する可能性はないのだ。喜んで良いのかどうかは分からないが、安堵した。

朱 Zhu Wenqi 先生は、中国で私の最も尊敬する国際法教授である。中国の外務省に入り、パリ大学で研究した。フランス語はもとより、英語も堪能である。ジェサップ模擬裁判の中国における責任者 national administrator を、この二〇年くらい、務めている。学者としての独立心が非常に強い人で、ジェサップの運営に外務省からの援助は求めないで、法律事務所からの財政支援でやっている。外務省出身でありながら、外務省からお金をもらうと口も出してくるから、と警戒しているようだった。中国のＩＬＣ委員を補佐した経験もあり、ＩＬＣ委員は Excellency と呼ばれなければならないと信じているようで、私へのメールはいつも Your Excellency で始まる。そんなのやめて欲しいといつも言っているのだが、止める気配はない。

二〇一四年に七〇歳で定年を迎え、名誉教授となるまでの間に、多くの大学に呼ばれて非常勤講師を務めた。東北大学、東京大学、筑波大学、早稲田大学、国際基督教大学、成蹊大学、立教大学（上智大学への異籍後）、名古屋大学、京都大学など。そのほか、一回限りの講義を、北海道大学、法政大学、南山大学などで行った。

上智大学の定年退職にあたり、同時に退職した町野朔教授と併せて、上智法学論集第五七巻四号（二〇一四年）で『退職記念号』を発行して頂いた。また、翌年、江藤淳一編『国際法学の緒相：到達点と展望』（信山社、二〇一五年、全九四六頁）、を出版して頂いた。感謝の言葉も見つからない。

二〇一四年三月、七〇歳で上智大学を定年退職となった。日本では、七〇を過ぎると、特殊な場合を除いて、もう何処にも働く場所はない。非常勤で教えるということもなくなる。後は、わずかな年金を頼りに、庭いじりでもして過ごすしかない。ところが、私の運は尽きることなく、またしても「拾う神」（！）今度は、中国の大学だった。

上智大学での最後の日、キャンパスで、親しくしていた神父さんに会ったので、「色々お世話になりました」とお礼を言い、「捨てる神あれば拾う神ありで、今後は中国に行くことになりました」と挨拶した。すると神父さんは「私も捨てられた紙は、拾って分別するようにしています。日本から中国へは、大量の古紙が輸出されているようですね」と言われた。神父さんが「神」を「紙」と誤解していることはすぐ解った。キリスト教は一神教で、八百万（やおよろず）の神々がいるなどという発想は、その神父さんには無かったのだ。「ええ、私のような古紙にも、まだ利用価値があるようです」と話を合わせて、神父さんと別れた。

（25）「大沼保昭教授との思い出」村瀬ブログ：https://livedoor.blogcms.jp/blog/smurase/article/edit?id=23853090

第五部　中国で国際法を教える

24　青年学院

上智大学を退職する数年前、上智の私のゼミに出たいという中国の女性から手紙をもらい、「どうぞ」と返事した。秦一禾 Qin Yihe という人で、名古屋大学に八年間留学して刑法を専門に勉強したが、博士論文のテーマに犯罪人引き渡し条約を取り上げたことから、国際法にも興味を持ったとのことだった。その秦さんが、私の『国際立法』をぜひ中国語に翻訳したいと言う。もとより反対する理由はないので、「いいよ」と返事した。中国語訳は二〇一一年に中国人民公安大学出版社から刊行された。この本の出版のために、この公安大学（警察官養成の大学）から出版助成を得たようである。彼女の弟が警察でかなりの地位にあり、その影響力で出版できたということは、後から知った。

その秦さんは、北京大学で博士号を得て、中国青年政治学院（China Youth University for Political Studies, CYU）の准教授だったが、私の上智定年後、自分の大学に教えに来て欲しいと言ってきたのだ。面白そうだと思ったが、そのオファーを受けるべきかどうか、やや迷った。それで、とにかくその大学を実際に見ることにし、二〇一四年春に上海でジェサップ模擬裁判競技会に参加した後、北京のＣＹＵに行った。ＣＹＵのキャンパスの一角にあるホテルに二日ほど投宿したが、毎朝、二人ずつ女子学生が来て、朝食に招いてくれた。このことに感激して、私はこの大学で教えようと決めた。私が国際法委員会で担当している「大気の保護」について、講義も行った。私が「空域」と「大気」は国際法上全く別の概念で「ここは我々の空域だから、そこにある大気は我が国に属する、なんて言っても意味ないですよね」というと、聴衆が「そうだ！」と一斉に声を上げたので、びっくりした。中国では、大学の講演でも、同意するときは「そうだ！」と声を上げるのが慣例らしい。最後の夜、法学部長と契約書類にサインして、秋からこの大学の教壇に立つことが決まった。法学部長からは、ＣＹＵのチームがジェサップで優勝できるよう指導してもらいたいとも言っていた。私は立教での経験を話し、無責任にも「そんなの、三年もあれば実現できるでしょう」と答えた。

中国の大学では「国際化」が必要だとして、外国人教授の招聘に積極的である。しかし、一回限りの、あるいは極めて短期の、訪問教授は別として、専任に近い形で客員教授を受け入れることは、中国の国内事情もあってなかなか難しいようだ。日本からの客員教授は、語学の先生たちや科学技術分野を別にすれば、極めて少ない。法学部で専門科目を教えている例は聞いたことがない。私の場合は、私の著書が中国語に翻訳されていたこと、そして国連国際法委員会の委員だったということが、受け入れられた大きな理由であろう。そうでもなければ、日本人教授が中国で教えるというのは、無理だったと思われる。

ＣＹＵは小さな大学で、学生数は六千人ほど、キャンパスも広くはなかった。「青年」という言葉の入った大学名は世界中何処を探してもないと気に入っていた。この言葉が、実は、共産党の中核組織の一つである「全中国青年連盟」（全青連）からきているということを知ったのは、ずっと後になってからだった。元々、その大学は「中央団校」という党の研修機関に併設されたもので、文部省の下にある普通の大学と異なり、党の管轄の下にある大学だった。

しかし、一九八〇年に設立されたこの大学は、先生たちのレベルも高く、全員が欧米の大学で学位を得ていたほか、学生も北京大学や人民大学に匹敵する優秀なレベルであった。学長は歴代、首相経験者がなっていた。図書館を入った正面には、初代学長の胡耀邦（Hu Yao Ban）元首席の大きな銅像が鎮座していた。胡耀邦氏は、良好な日中関係を築いたことでも知られている。一九八九年六月四日の天安門事件は、彼の死を悼む学生たちの集会から始まった。ＣＹＵの先生や学生たちは極めて自由主義的で、私が「そんなこと言っていいの？」と思うほど、自由に政権を批判することもある。学部の学生に「政治学の試験問題って、どんな問題が出るの？」と聞くと、最近の習近平主席の発言の「穴埋め」問題だという。私が、「そんな問題？」と呆れると、みんなそんなのが馬鹿げた試験だということはよく分かっているし、先生たちもこんな問題出したくないことは私たちもよく知っているけれど、上からの指示でしょうがないこと、だから私たちはみな満点とるの、という。上に「政策」あれば、下に「対策」あり。

ハニー・トラップ

外務省の親しい人たちに、今度中国で教えることになったと伝えると、一様に「ハニートラップに注意するように」という忠告を受けた。美人のスパイが近づいてきて、ベッドシーンの写真を撮られ、国家機密を提供するように強要されるという「罠」（トラップ）に陥ることをいう。「私は別に構いませんけど……」と言いながら、私にもそんなことが起こるだろうかと、不安と期待が交差した。外務省の人に「もしそういうことが起こった場合、外務省の人はどうすんですか？」と尋ねると、「上司と相談します」ということだった。私には「上司」がいないので、自分一人で処理しなければいけない。しかし、幸か不幸か、ハニーが近づいてくるということは一度もなかった。外務省や防衛省の役人と違って、私には何の国家機密にも縁がなかったからだと思われる。

私がＣＹＵで教え始めた二〇一四年、この大学の大学院では国際法専攻コースが前年にできたばかりで、私が教えたのは二期目の院生だった。女性七人に男子一人。男子がどうして少ないのかと聞くと、優秀な男子はみな理工系に進むのだそうだ。確かに、女子学生は本当に優秀だった。（男子学生は、人柄の良さでみんなから信頼されていたが、成績では女子学生に負けていた）。私のコースは「国際立法」で、英語で授業したのだが、学生たちの英語はみな非常に高いレベルだった。主にＩＬＣの条文草案等を教材に、これを批判的に考察するというもので、ＩＬＣの裏話やゴシップには事欠かなかったので、学生たちと大笑いしながら、授業を進めた。毎回、パワーポイントのスライドを二〇枚位作って、授業がスムーズに進ように工夫した。クラスでは、議論しながら進めるという米国ロースクールの「ソクラティック・メソッド」でやったが、これが非常にうまく行った。立教や上智でやった時は、全くうまく行かなかったので、心配だったが、中国の学生たちは「国際法を学びたい！」と言う意欲に溢れ、活気に満ちたクラスになった。多かれ少なかれ、彼らには将来自分達が国を背負って行くのだという使命感のようなものが感じられた。

また、ジェサップ模擬裁判のコーチも頼まれ、これには学部の学生も多く参加しており、みな、優秀だった。英語はみな達者だった。外国に行ったこともないのに、どうしてそんなに英語ができるのかと聞いたら、みな三歳頃から塾に通って英語を学んだという。一人っ子政策の下で、親たちは子供の教育に全ての資源を投じているのだと知った。

ＣＹＵで教え始めて間もなくの九月末、人民大会堂で中国政府が北京で教えている外国人教授を招待して大夕食会を開いてくれた。千人位は招かれていたのではないか。給仕をする人が、二〇人ほど一列になって、次々と皿を運んでいた。あんな大規模な晩餐会は、初めてだった。その席で一緒になった二人の米国人のＣＹＵ客員教授に、ジェサップを手伝ってくれないかと頼んだら、二人とも快く引き受けてくれた。オスラ教授とランガガー教授。二人とも語学の教授だったが、学生たちを厳しく鍛えてくれた。オスラ教授の提案で、英語に慣れるため、一人六〇秒で一定のテーマについてプレゼンテーションを行うという訓練が、非常に有効だった。その日のテーマ「二五年後の私」という題で話した学部の女子学生は、「その時までに、中国は、法による支配ではなく、法の支配、Rule *of law*, not Rule *by law* が実現していることを願う」という話をして、深い感銘を受けた。

私は、中国で教えることが決まった時、東大に北京大学からの留学生として来ていた人にチューターを頼んで、中国語を教えてもらった。しかし、ＣＹＵに来たら、学生たちはみな英語がうまいし、学外に出る時はいつも誰か一緒にいてくれるので、中国語を学ぼうという誘因 incentive がなくなってしまった。結局、私が覚えたのは、「ニーハオ・ピャオリヤン」（あなたはとても美しい）と言う言葉だけだ。これだけで北京での生活は十分スムーズに行った。

当初、私は、秋学期の三ヶ月間だけＣＹＵで教える積もりだった。私には教員用のアパートが与えられていたが、ＣＹＵのルールでは、六ヶ月以上教えるならばアパートを１年中キープできるが、それ以下だとキープできず、次の年にアパートに入れるかどうかは保証できないということであった。それならば、春学期も教えようと言うことになり、国際紛争処理法や国際環境法などを教えることにした。いわば、アパートのために、二学期（集中で六ヶ月以上）を通して教えることになったのだが、学生たちからも、ぜひ、来学期も来て欲しいと言ってもらった。こうして、私は、九月から四月まではＣＹＵで教え、四月以降八月まではジュネーヴでＩＬＣに参加するということになった。東京に戻るのは、一年のうち、二、三ヶ月だけ、という生活になった。

学生たちは全員、寮生活だ。朝七時半頃、学生寮のそばを通ると、学生たちが一斉にリュックサックを担いで教室に向かうのにぶつかる。軍隊が戦闘のため一斉に出陣するかのよう。学生たちは、夜の一一時に教室が閉まるまで、勉強を続ける。私のアパートのキッチンの窓から、その姿が見えた。寮に戻ってからも、勉強室で続ける者も多いという。中国滞在中、私は何度も日本の学界の友人たちに手紙を書き、日本の大学生は、その勉強量で中国の学生に完全に負けている、なんとかしなくては、と訴えた。

週末には、学生たちを大勢誘って大学近くのシャングリラ・ホテルのレストランなどによく行った。学生たちが材料を持ち寄って、私のアパートで「餃子パーティー」をしたことも何度かあった。女の子たちが小さな料理棒で餃子の皮を作るのを見て、プロのようなその技術の高さに舌を巻いた。これなら君たちは、法律家になれなくても、中華料理のシェフとして十分やっていけるね、と冗談を言ったりした。学生たちの間で、私は「村村」（ツンツン）というニックネームで呼ばれていた。

共産党員

学生たちはほとんど全員が共産党員。党員になるためには、模範生でなければならないし、先生からも高い評価を受けていなければならない。党員になると何かと便利だが、それ以上に情熱を持って党員になりたいと思っているのでもないらしい。学生に「君も党員？」と聞くと、「親が党員になれとやかましいので」と弁解調に応答する人が多かった。そういえば、上智にいた頃、「君もカトリック？」と聞くと、「親がカトリックなので」という人がいた。「私は力抜きのトリックです」という人もいた。丸山真男先生が共産党とカトリックは似ていると言っていたのを思い出す。親しくなった女子学生が、彼女の従兄が党員になるときは、それなりの「贈り物」を幹部に渡す必要があったようだけれど、この大学では、そんなことは全く必要なかったそうだ。今や、党員数は九千万だから、エリートでも何でもないが、公務員になるためには必要な資格の一つ、と言う感じだ。「党は学生からも党費を徴収するのよ」と彼女は不満そうだった。

「卒業したら、どうする積もり？」と聞いたら、彼女は「なんでもいいけど、とにかくリッチになりたい」と答えたのには、びっくりした。（私は共産党の人たちと意見は異にするが）、私の「共産党員」についての印象は、戦前に何十年と監獄に閉じ込められながらも節を曲げず、戦後も清貧に甘んじながらせっせと地域のために頑張る人、と言うイメージだったからだ。中国の共産党は大丈夫なのか、と他人事ながら心配した。しかし、彼女の率直さには感謝した。上智で教えていた頃の女子学生と、ほとんど区別がつかない、洗練された態度、ユーモアのセンス、他人に対する思いやりなど、素晴らしい学生ばかりだ。もっとも、北京に来て、法学部で学ぶことのできる学生は全体の中のごく少数で、両親も経済的に裕福な層で、彼らは選ばれた例外的な人たちだ、ということは再確認しておかなければならないと思う。

グループ

『グループ』というのは、米国の作家・メアリー・マッカーシーのベストセラーになった一九三〇年代の作品だ。(因みに、私の妹は、メアリーの息子と結婚している。) 私が教えたCYUの最初の院生には優秀な人が多く、同じような物語を書きたいという衝動に駆られる。前記の「リッチになりたい」と言っていた女子学生は検察官として活躍している。大学院では女子学生に遅れをとっていた男子学生も、北京での検察官のポストが誰よりも早く決まった。就職では、中国でも、女性は差別されているようだ。しかし、女性たちも、結局はみな良いところに就職し、裁判官になった者や有名な法律出版社の編集者になった者、外国系法律事務所で弁護士をしている者、それに欧米の大学院に進学した者など、華やかだ。(26)

私はCYUが大いに気に入り、ここで骨を埋めようと言う気になった。この大学図書館で、国際法の本がどれだけあるかを見ると、中国語の本は数百冊あったが、英語の本は二〇冊もなく、びっくりした。これでは、ジェサップの学生たちがかわいそうだ。それで、二〇一五年、私の持っている英語の国際法の本を全部 (二千冊ほど) 寄贈することにした。(Commemorative Event of Book Donation 参照)。CYUは、受け取った私の本を立派なスチール製の本棚にまとめて図書館八階の貴重本コーナーに置き (隣の本棚には、周恩来夫人 [=鄧穎超、婦人解放運動の活動家で中共八大元老の一人] から寄贈された本が陳列されていた)、さらに、その同じ八階に私の研究室も配置してくれて、私がいつでも自分の本を利用できるようにしてくれた。私の研究室からは北京の街並みが一望でき、遠くには北京を囲む山脈も見えた。夕方六時から三〇分ほど、放送部の学生たちがＤＪでキャンパス中に放送するのだが、日本のポップス音楽を流すことも多く、研究室からアパートに戻る途中、それを聞いて帰った。

大学院の授業でとくに優秀な人を何人かジュネーヴに来てもらいＩＬＣで私の補佐として参加してもらった。Zhang Maoli はその一人だ。彼女はその後、北京大学の博士課程に進んだ。ハーグアカデミーの研究センターで行った「感染症と国際法」のプロジェクト参加者の一人として、彼女は優れた論文を寄稿している。人民大学の大学院で Zhu 教授の下で研究していた Deng Hua という女性研究者は、Zhu 教授の勧めでＣＹＵの私の講義に出るようになり、最後の方は、私の助手のような立場で、補佐してくれた。彼女は今、広州の中山大学で教えている。

（26）Memories of the Group": s-murase.blog : https://s-murase.blog/2017/08/24/memories-of-the-group/

ジェサップ模擬裁判

ジェサップ模擬裁判のコーチをして、多くの優秀な学生と知り合うこともできた。二〇一四年のＣＹＵチームの成績は、参加三八校のうちの一九位だったが、次の年には参四八校のうちの一九位に、その次の年には九位にと、年々上がっていった。Zhu 教授の厚意で、ＣＹＵチームは、二度にわたり、ワシントンに派遣されて、Exhibition Rounds に参加することができた。私はＣＹＵを辞めた後も、ボランティアーでコーチを続けたが、二〇一九年の中国大会で、チームは堂々、一位になった。私が二〇一七年、最後に教えた学生たちがチームを率いていた。その中のシャンシャンと言う女の子は、二〇一七年、一九歳だった。声が小さく、ボソボソと話す小心な娘だった。「もっと、大きな声で！」と私はいつも叱っていた。小学校で「一茶」の劇をやった時の自分を思い出していた。彼女に「公園に行って、大声で叫んで来い」と言った覚えもある。その少女が、二〇一九年のジェサップの大会で、自信に満ちあふれた弁論している姿を見て、信じられないような気分だった。

この二〇一九年の昆明における最終ラウンドの相手は北京大学チームで、こちらも私の学生たち、二〇一二年以来、私はいつも最終ラウンドの裁判長仰せつかっていたが、この年は、裁判長は回避せざるを得なかった。裁判長は、米国人女性ローヤーで学生たちからジェサップの「ゴッドマザー」と恐れられているキャロル・マリノフスキー弁護士だった。しかし私の学生たちは、シャンシャンはじめ、物怖じすることもなく、じつに堂々としていた。こうして、ＣＹＵチームはチャンピオンになった。私は、ＣＹＵの副学長と法学部長にメールを送り「五年かかりましたが、約束を果たしました」と伝えた。ワシントンでは、開会式の時、各国の勝者が紹介され、それぞれの国旗を持って壇上に行くのだが、CYUチームの学生たち（全員女性）は、後でビデオを見せてもらったが、誇らしく国旗を掲げ、中国での結婚式でよくやるように、菓子をばら撒いて、行進していた。シャンシャンは、その後、シンガポール国立大学に留学し、今は中国に戻って深圳の弁護士事務所で国際取引の法務を担当している。

突然の大学閉鎖命令

こうして二〇一四年からのCYUでの滞在は、最高だった。ところが、二〇一七年四月、突然、党・中央委員会からの命令で、CYUが閉鎖されることになった。寝耳に水、悪い冗談、エイプリルフールかと、みな思った。閉鎖される理由など、この登り坂の大学のどこにもなかった。後から聞いた噂によると、習近平主席率いるいわゆる「太子党」と全青連主導の「青年党」との対立で、後者が敗れ、中国青年政治学院が目の敵にされたとのことだ。

大学が国家の都合で閉鎖されるなんて！　中国では、こう言うことも起こるんだと、再認識させられた。日本だったら、抗議の焼身自殺が起こってもおかしくない。もちろん、そんなことが起こってはならないが、母校がなくなるということは、学生や卒業生にとって、アイデンティティーの重要な部分が、消えてなくなると言うことだ。国際環境法の最後の講義の日、私は「君たちからは決して離れない」と宣言した。学生たちも、みな、泣いていた。

その後、結局、CYUは中国社会科学院（Chinese Academy of Social Sciences，CASS）の下に新設される「中国社会科学院大学」（University of Chinese Academy of Social Sciences, UCASS）に統合されることになった。CYUで教えていた中国人の教授は多くはUCASSに移籍することになったが、外国人教師は、私を含めて、契約が延長されないことになった。ジェサップを手伝ってくれた二人の米国人教授も、延長されなかった。

「あーあ……」という感じで、もうこれで「中国で骨を埋める」という私の計画も終わりだと思った。人民大学の朱（Zhu Wenqi）教授が、私の再就職のために尽力してくれたが、私の年齢がネックになって、うまく行かなかったようだ。確かに、私ももう七四歳、引退すべき年頃なのだ。日本に帰って余生を過ごそうと思った。(27)

ところがここでまた「拾う神」が現れた！今度は、北京大学だった。CYU閉鎖のニュースを聞きつけて、北京大学の若いチェンChen Yifeng教授が、北京大学に来ないかと言ってくれたのだ。それまでも何度か北京大学には特別講義に招かれていた。ＩＬＣでの私の「大気の保護」の議題を支援するために、Song Yin 教授を中心にして、研究グループを組織してくれたこともある。こうして、北京大学の Li Ming 教授、Gong Ren Ren 教授[(28)]、Song Yin 教授、Yi Ping 教授など、国際法の全部の教授が後押ししてくれて、私の北京大学への異籍が実現したのである。こんな名誉なことはない。

（27）村瀬ブログ「七四歳の『就活』」https://livedoor.blogcms.jp/blog/smurase/article/edit?id=3768092

（28）Gong 教授とは、一九九五年にコロンビア大学で初めて会ったが、日本に留学中、私の学会報告を聞いたことがあるとのことだった。北海道大学に留学中、山本草二先生の講義を受けたという。大学院の講義で、受講生は彼一人。山本先生からマンツーマンの授業を受けたわけだ。あの厳しい山本先生に、よく耐えられたものだと感心する。山本先生も外国の学生には優しかったのだろう。Gong 教授は、後輩の学者を評価するとき、「彼は英語文献しか見てないからだめだ」、と厳しい。「仏語、独語の文献も踏まえて論文を書かないと、学者とは言えない」と言うあたり、山本先生とそっくりである。

25 北京大学

こうして私は、二〇一七年秋から北京大学で教えることになった。国際立法のほか、国際紛争処理法、国際環境法、国際大気法など、一学期に二科目ずつ担当した。北京大学の大学院生のほか、学部生や北京在住の若手教師や院生、学部生も参加し、多い時は七十名ほどの参加者があった。北京大学法学部の対外関係事務所が「国際立法」や「国際大気法」などの立派なポスターを作ってくれた。授業では、活気ある議論が展開され、非常にやりがいを感じた。北京大学のキャンパスに隣接するGlobal Villageという名の場所に教員・研究者用のアパート群があり、そのアパートに住むことになった。前任校CYUのアパートは一九八〇年代の中国がまだ貧しい時代に建てられたもので、私のアパートは六階だったが、エレベーターもなかった。対照的に、北京大学のアパートは、モダンな建物で、エレベーターもあり、隣の棟には「一八九八」という名のレストランもあった（一八九八年は、北京大学法学部創設の年）。

教えたコースの中で、一番楽しかったのは「国際紛争処理法」だった。最初の回では、

「紛争」dispute と「抗争」conflict の違いを認識するため、「尖閣列島問題」を例に議論させた。尖閣の問題は「紛争」ではなく、「抗争」でしかない。では、中国はどうやってこれを「紛争」に転換できるかを考えさせた。最後の回では、「南シナ海仲裁」を取り上げ、中国が「九断線」という形で、直線ではなく点線で、南シナ海を囲い込もうとしているのは、そもそも中国がその主張に自信がなかったからじゃないかと聞いたりして、学生たちを挑発した。中国の立場を発表させ、そんな立派な主張ができるのなら、なぜ仲裁に参加しなかったのか、裁判所の外でいくら不当だと言っても「犬の遠吠え」に過ぎないのではないかと言ったりした。仲裁に参加していれば、あんな無残な形で敗訴することはなかった、と。二〇一四年のＩＣＪ「捕鯨事件」も扱った。日本はオーストラリア・ニュージーランドに完敗したが、学生が「日本はどうして敗訴したのか?」と聞くので、「それは、私が日本側の弁護人に指名されなかったからじゃないか」と答えた。

前の大学（ＣＹＵ）の学生たちは人懐っこかった。雰囲気として、立教の学生によく似ている。これに対して、北京大学の学生は、スノビッシュで、上智の学生に似ている。私の北京大学異籍に前後してＣＹＵから北京大学に移っていた院生が三人ほどいたので、その人たちには引き続きお世話になった。生活もしやすくなり、北京大学では極めて快適な毎日だった。

二〇一九年三月、北京大学の Li Ming 教授が、自分の故郷でもある古都「洛陽」を四日間にわたり案内してくれた。有名な「龍門石窟」をはじめ、中国最古の仏教寺院「白馬寺」、旧市街やいくつかの博物館など、目を見張るようなものばかりであった。それだけでなく、教授は、中国最大と言われるトラクター工場にも連れて行ってくれた。彼が子供の頃、両親ともこの工場で働いていたとのこと、そして彼自身も、文革中、この工場の労働者を教えていたということだった。

北京大学で教えるようになって二年後、私は次第に体力の限界を感じ始めていたことも確かである。二〇一九年夏、私はアモイ国際法アカデミーでサマー・コースを依頼され、「大気の国際法」というテーマで五回の講義を行った。四回目の講義の際、咳が止まらなくなった。五回目の最後の講義の時は、北京大学の私の院生に頼んで、横に座ってもらい、私が咳で話せなくなったら、彼女に代わってもらうという方式で、乗り越えることができた。この院生は、北京大学での私の講義に出ていたし、前夜に一緒に準備したこともあって、講義は思いのほかうまく行った。しかし、もう限界だった。

そこで、私は、二〇一九年秋以降の北京大学の講義は辞めさせてもらうことにした。北京大学は、それでは最後に一回だけ講義をやってほしいと言われ、二〇一九年九月二八日に最終講義を行った。その日、私は、Song Yin 教授の司会のもとに、Li Ming 教授の挨拶、私の Key Note Speech（これまでの国際立法に関する理論的・実践的な活動を短く総括）、その後、人民大学 Zhu Wenqi 教授、CYU=UCASS の Chen Xiaohua 教授、北京大学 Chen Yifeng 教授、さらに院生の Fan Xiaolu さんが、ぞれ、それ私の中国における研究教育活動について話をして下さった。その後は、Li Ming 教授主催の盛大なランチがあった。（「参考」欄の Farewell Lecture at Peking University 参照(29)）。

ところが、この最終講義を行って東京に戻った私は、ひどい「退職症候群」に襲われた。虚しさ、空白感に支配されて、鬱状態。それを察した Chen Yifeng 教授が、それならば、来学期も北京大学に来て講義を続けてほしいと言ってくれた。だが、あんなに盛大な最終講義やランチをしてもらった後で、どの面（つら）下げて、北京大学に行ったら良いのか。そう思い悩んでいると、コロナ禍が発生、次年度春学期はオンラインで授業を行うということになったのである。これは私にとっては、むしろ好都合な話だった。対面でまた授業をやったら、「えっ、もう戻ってきたの？」と聞かれて、「長い説明」が必要だったであろう。

こうして私は、一旦辞任を表明した後も、しぶとくさらに二年間、オンラインで北京大学の講義を続けることになった。オンライン授業というのは、最初は、学生たちの反応がないので、やり辛かった。教室での対面授業では、冗談を言えば、すぐに学生たちの反応が起きる。ところが、オンラインの場合には、学生たちの顔が見えず、笑っているのかどうかもわからない。そこで、私は、冗談を言うたびに、「皆さん、ここは、笑うところですよ」と か、「ここで笑わないと、今日はもう笑うところはありませんよ」などと言わなければならなかった。しかし、このオンライン授業にはメリットもあった。北京大学は、私の授業をオープンにしてくれたので、中国全土から多くの学生・院生が、私の授業に登録してくれた。とくに、「感染症と国際法」に関する特別授業をしたときには、中国全土から五百人の登録者があった。普段でも、二〇〇から二五〇人。選挙に出れば（中国に選挙の制度があれば、の話だが）当選も可能かと思うほどに人気が出た。このオンライン講義は二〇二二年一月まで続けた。しかし、もはやこれ以上続けることは体力的に無理ということがはっきりして、辞任することにした。私も七八歳一〇ヶ月。立教大学で初めて教壇に立ってから五〇年だ。この年まで現役で教職についていた人は、そう多くないであろう。北京大学には、本当に感謝している。

中国の学生たちは、「先生」に対する尊敬の念が非常に強い。毎年、九月末には「先生の日」があり、今でもかつての学生たちから多くのメールが届く。彼ら多くは、現在の中国では息が詰まりそうだと感じている者が多く、外国に留学したいと願っている学生が非常に多い。私は今でも、毎週のように、そうした学生のために、欧米の大学院（それも超一流の、オクスフォード、ケンブリッジ、ハーバード、イエール、ジュネーヴ高等研究所などに応募する）に推薦状を書いている。

なお、北京大学で教えている期間中、中国人民大学と社会科学院大学（ＵＣＡＳＳ）でも一学期間、客員として教えた。また、その他にも、招かれて中国各地の大学法学院で、出張講義を行なった。国際貿易経済大学、北京外国語大学、精華大学（以上、北京）などのほか、山西大学（太原）、天津大学（天津）、蘇州大学（蘇州）、浙江大学（杭州）、華東法政大学（上海）、武漢大学（武漢）、南西中国法政大学（重慶）、雲南大学（昆明）、など。天津大学と南西中国法政大学からは、「客座教授」のタイトルも与えられ、年一回一学期間、教えるよう要請されたが、コロナ禍のため、結局その後、訪問する機会はなかった。

(29) Farewell Lecture at Peking University: https://s-murase.blog/2019/10/05/farewell-lecture-at-peking-university/

国際法委員会（ＩＬＣ）「大気の保護」

二〇二一年夏のＩＬＣの会期で、私が特別報告者を務める「大気の保護」の議題が完了した。私が最初にＩＬＣ作業部会にこのテーマを提案してから一二年、議題が正式採択になってから八年（二〇二〇年度の会期は延期になったから、実質的には七年）が経過した。二〇二一年の前半会期は、まだワクチン未接種だったので、私はオンラインで参加した。私の第六報告書に対して全体会議では思ったより修正提案も少なく、うまく行った。起草委員会はジュネーヴ時間の午後三時から、東京時間では午後一〇時からで、私にとっては毎晩、深夜の審議となった。ここでは、さまざまな修正提案が出され、それぞれについて、私は、賛成したり、反対したり、再修正して再提案したりということを繰り返した。終わってみれば、私のガイドラインの最終提案は、基本的な修正なしで、採択された。[30]

二〇二一年の後半会期はワクチンも打ったので、意を決して、ジュネーヴに行くことにした。羽田空港でのＰＣＲ検査に五時間を要し、経由地パリでも長時間待たされ、ジュネーヴに着くまでに、普通だったら一五時間位で着くところ、二八時間を要した。ジュネーヴのレストランなども閉鎖しているところが多く、殆ど、自炊して過ごし、国連の食堂も閉まっていたので、サンドイッチを作って持参した。全体会議で、私のガイドラインの「注釈」（コメンタリー）が審議され、これもいくつかの修正案が出されたが、無事、通過した。これで、私の特別報告者としての任務は完了した。終わりよければ全てよし。ただ、嬉しいという感情は余りなかった。どちらかというと、疲労感だけが残った。

二〇二二年の会期（四月から八月）は、私の一三年間に及ぶＩＬＣの最後の会期となる。しかし、コロナ禍のため、会期は昨年と同様、対面で参加する委員とオンラインでの参加者とのハイブリッド方式になるとのことで、私は一旦はオンライン参加を決めた。しかしその後、ＩＬＣから「可能な限り出席されたい」との連絡が入り、やはり行くことにした。

（30）「大気の保護」二〇二一年ＩＬＣ報告書第四章参照 https://legal.un.org/ilc/reports/2021/english/chp4.pdf

万国国際法学会（ＩＤＩ）「感染症と国際法」

新型コロナ・ウイルスＣＯＶＩＤ－19は、二〇一九年一二月、中国武漢での大規模な蔓延に始まり、二〇二〇年三月には、世界中に広がりを見せた。私は三月一八日（この日は偶々私の母の誕生日だった）の朝、目を覚ました時、何か天からの啓示を受けたような気分で、感染症に関する国際立法（グローバルな多数国間条約）が必要なのではないかと思いつき、これをＩＬＣ委員全員に対し緊急提案の形でした。二、三の委員から好意的な反応があったものの、委員会で影響力を持つ英国ウッド委員が例によって「通常の手続きに従い、まずは長期計画作業部会で慎重に審議すべき」と主張し、この意見が大勢を占める様相となった。この「通常の手続き」に従えば、議題採択までに数年、条文草案完成までに六、七年、併せて一〇年はかかる。私はがっかりし、「またか……」とＩＬＣに対する深い失望を覚えた。

そうした折、またしても「拾う神」が現れた。万国国際法学会（ＩＤＩ）の事務局長(Marcelo Kohen 教授）から、ＩＤＩとして現下の感染症状況について何かなすべきことはないかという書簡が全メンバー宛に出されたのだ。私はこれに呼応する形で、ＩＬＣに対して行ったと同じ提案書を送ったところ、ＩＤＩの執行部（Bureau、会長は［二〇二一年に北京でＩＤＩ総会が開催される予定だったので］主催国の Xue Hanqin ＩＣＪ判事）は殆ど即座に（三月二七日）、一五名の委員で構成される「第一二委員会」を設置し、筆者は報告者に任命された。[31]その時点で筆者はＩＬＣに対する提案を撤回した。「捨てた神」のＩＬＣは、国際社会に貢献しうる貴重な機会を失うことになり、その地盤沈下を一層進めることとなったことは間違いない。

翌四月から六月にかけて、月に一回、私はＩＤＩ第一二委員会のメンバーに報告書の草案と注釈を送り続けた。大気と感染症は、法的性質の類似している部分が多く、ＩＬＣでやってきた「大気の保護」の作業が大いに参考となった。私は、この感染症のテーマは、スピードが決め手だと強調し続けた。

このことは、一九七〇年代にハーバード・ロー・スクールでルイ・ソーン教授の国連法ゼミに参加した折に学んだ。ソーン教授を含めて国連憲章起草のために、一九四四年のダン・

バートン・オークス会議や一九四五年のサンフランシスコ会議に参加した起草者たちは、第二次大戦の終了まえに起草を終えなければならないと強く信じていたことである。一旦、平和が来れば、平和機構の必要性も、結局は、忘れ去られてしまう。感染症も同じように、それが収束してしまえば、それはすぐ忘れ去られる。これまで、その繰り返しだった。

時期を逸すれば、このプロジェクトは成功しない。南アのトラディのように、委員の中には、進め方が早すぎると文句を言って何の貢献もしなかった人もいたが、大半の委員は丁寧にコメントを返してくれた。Xue 判事は、いつも一番早く詳細なコメントを送ってくれて、これが委員会の合意形成に非常に大きな力となった。七月には、それまでの草案を統一し、その後も毎月一回、委員全員とやりとりを繰り返して報告書の改訂を重ね、二〇二〇年一二月三〇日に報告書の確定版（一七か条の条文草案を含む）[32]をＩＤＩ本部に送って、年報(IDI *Yearbook*) の印刷締め切りに間に合わせたのである。

ＩＤＩ北京大会はオンラインで二〇〇一年八月二二日から九月三日まで開催された。第一二委員会の議題は、八月二四日、二六日、二七日、三〇日、三一日に、各三時間、条文草案について審議された。当初の予定では最初の三日間だけであったが、二日間余計にかかった。ジュネーヴ時間で午後一時から四時まであったが、東京時間では夜八時から一一時まで。ＩＤＩ会員のうち、毎回一〇〇名前後が参加していた。会員から条文草案の修正案が出されると、筆者は直ちに応答する必要があり、非常に重圧を感じながら、しかしなんとか乗り切った。その日の審議が終わると、報告者としての修正案・妥協案を次の日の朝までにまとめて発表しなければならず、徹夜に近い作業が続いた。ＩＬＣであれば数年かけて行う作業を、五日間で終えたことになる。会員からの提案は概ね建設的なものであり、条文草案は大幅に改善された。Xue 会長は、時に強権発動して、条文草案を守ってくれた。こんなに早くＩＤＩ の決議が採択されるのは、前例のないことだが、感染症の問題は、スピード感を持って早急に対応することが必要だと、ＩＤＩ執行部・会員の間でも共有されていた故である。(33)

(31) この辺りの事情については、村瀬信也「感染症と国際法」国際問題六九九号、二〇二一年三月、一一-一四頁参照。ＩＤＩ第一二委員会のメンバーは以下の通り：José Alvarez (USA), Antony Anghie (Sri Lanka), Eyal Benvenisti (Israel), Francesco Francioni (Italy), Claudio Grossman (Chile), Vanda Lamm (Hungary), Campbell McLachlan (New Zealand), Theodor Meron (USA), Vaclav Mikulka (Czech Republic), Gérard Niyungeko (Burundi), Fausto Pocar (Italy), Antonio Remiro Brotons (Spain), Bernardo Sepulveda Amor (Mexico), Dire Tladi (South Africa), Hanqin Xue (China), and Shinya Murase (Japan) as Rapporteur.

(32) Shinya Murase, "Epidemics and International Law," IDI *Yearbook*, Vol. 81, 2021, pp. pp. 37-150. https://www.idi-iil.org/app/uploads/2021/05/Report-12th-commission-epidemics-vol-81-

yearbook-online-session.pdf

(33) https://www.idi-iil.org/app/uploads/2021/09/2021_online_12_en.pdf：(決議の和訳は、『国際法研究』一〇号（二〇二二年）の拙稿「感染症に関する国際立法」に掲載した。）但し、やや残念なのは、ＩＤＩには決議（条文草案）についての「注釈」（コメンタリー）を採択・記録する慣行がないことである。コメンタリーは条文草案を理解する上で不可欠である。私は二〇二一年一二月にはコメンタリーを完成し、*American Journa of International Law*や*International Legal Materials*等に聞いてみたが、うまくいかなかった。これまでＩＤＩの決議でコメンタリーを作ったのは、二つだけで、何れもCambridge University Press（CUP）から出版されているが、三年から五年かかっている。私もCUPと交渉したが、時間がかかりすぎるので諦めて、結局、台湾のSooChow Law Journalに載せてもらうことにした。台湾は」ＣＯＶＩＤ-19の兆候を、二〇一九年一二月に一早くＷＨＯに通報したにもかかわらず、ＷＨＯはこれを無視した。私としては、台湾を激励する意味でも、SooChow Law Journalにして良かったと思っている。

ハーグアカデミー「感染症と国際法」

ハーグ国際法アカデミーの事務局長Jean-Marc Thovenin教授は、ＩＤＩのメンバーで、私の「感染症と国際法」をフォローしていた。そこで、アカデミーの会長ドーデYves Daudet教授の了解を得て、二〇二〇年六月、私に同じテーマでアカデミーの研究センターでもプロジェクトを組んで欲しいと依頼があった。かつて、二〇〇九年にインフルエンザが猛威を振るった時、トゥルーボフ氏がこのテーマを取り上げるよう提案したが、余り支持がなく、いつの間にか忘れ去られたことを思い出し、引き受けることにした。しかし、私一人でディレクターを務めるのは荷が重すぎる、誰か若い人と共同でやることを条件とした。その結果、国際保健法の若手専門家である スザンヌ周さん Suzanne Zhou というオーストラリアの女性と一緒に組んでやることになった。この人は、ハーグアカデミーで Diploma をとった優秀な人である（私の知っている他の Diploma 取得者は、トゥルーボフ氏とガーナのティーウル、それに現在は北京大学准教授になっている Liao Xuexia という女性くらいである）。

こうして、ハーグアカデミーは、二〇二〇年六月に、センターの研究員を募集、世界中から一七二名の応募があった。八月に、その中から三五人の研究者（助教授、助手、院生）を選び、テーマを振り分けた。参加者それぞれとの間でメール交換とオンラインでの面談を繰り返し、二〇二一年四月の論文締め切り日を迎えた。三五人のうち三一人が論文を完成し、私と Zhou さんの論文も併せて、同年一〇月に七〇〇ページを超える大部の本として出版できた。執筆者の中には、私の北京大学の二人の院生も含まれている。この本の前文で、私はトゥルーボフ氏が、感染症の問題を取り扱うべきだと理事会で主張したことを明記し、彼の先見の明を讃えた。一九七四年に私もこのハーグアカデミーの研究センターに、カンサード・トリンダーデやユーセフ、ティーウルなどと一緒に参加したが、その時はまだ、成果を本にするという慣行はなく、それぞれがどこかのジャーナルに個別に発表するよう勧告されたのみであったが、今では、このように若い研究者の業績が公刊されることになっている。

これはやはり大きな進歩である。それにつけても、日本からの応募がゼロだったことは、残念としか言いようがない。

ともかくこれで、私の国際法との関わりは、大体終わった。後日談だが、私がＣＹＵに寄贈した二〇〇〇冊の国際法の英語の本は、最近まで、そのまま、中央団校の図書館に残されたままだった。中央団校は地方から来る党員の研修所で、その人たちが国際法の英語文献を読むとは思えない。ま、しかし、一旦寄贈したからには、私がとやかく言うことではないと考えていた。ところが最近、ＣＹＵが吸収合併された社会科学院大学（ＵＣＡＳＳ）の図書館から連絡があり、寄贈書は全部、ＵＣＡＳＳに移されたと、写真付で知らされた。立派なスチールの本棚には、「村瀬教授寄贈図書」とプレートが付けられている。私のところにも、ガラス製の記念楯が送られてきた。そこで、まだ六〇〇冊ほどの日本語の国際法関係の本が残っているけれど、これも引き取ってもらえませんかと聞いてみたら、「喜んで引き受ける」という返事が来たので、それも送る手続きを始めようと思っているところである。高野先生は「全蔵書を上智大学に寄贈する」と遺言を残されたが、上智大学は「置く場所がない」と断った。東京の一等地にある上智では、本一冊の価値よりも、その本を置く場所代の方がずっと高いのだそうだ。悲しい日本の現実である。

こうして、私の学者としての生涯は終わったが、思い返せば、何と言っても、私は運が良かった。それぞれの時に、拾う神が現れて、然るべき場所が与えられてきた。マックス・ウェーバーも、『職業としての学問』の中で、学者として成功するためには「僥倖」(幸運)が必要だと述べている。しかし、僥倖は、何もしないでただ待っているだけでは、掴めない。チャンスがきた時、それを逃さないよう、しっかり掴むことが必要である。何がチャンスかも、はっきりしないことが多い。普段から、アンテナの感度を上げて、チャンスを見失わないよう情報を取捨選択することに心がけたい。また、学界には雑用も多い。学会用語で「雑巾掛け」というが、私も、若い頃は、翻訳や校正など、つまらない仕事を多くこなしてきた。それらの経験は、将来、自分自身が論文を書く上で、大いに役立った。その後も、募金活動の責任者を何度も務めてきた。それはそれで、貴重な社会勉強になった。つまらない仕事でも、手を抜かずにやっていれば、これもチャンスに繋がることが少なくない。

不幸な結末

……と、ここまでのことを読むと、ハピー・エンドのように思われるかも知れない。最後の段階で、最近、私は色々と喧嘩を売っているので、それが祟って、どの学会からもペルソナ・ノン・グラータ(好ましからざる人物)とされているのではないかと思われる。

まず、ＩＤＩについては、先にも触れたように、ＩＤＩの年報に決議（条文草案）の「注釈」（コメンタリー）を載せる慣行がないことに、私は不満を表明した。ＩＤＩ執行部は、決議（条文草案）の採択には異例の措置をとってくれたが、「注釈」を年報に載せることには否定的なのだ。その理由は、注釈を総会で審議する時間的余裕がないということだが、それは理由にならない。メール交換とオンラインで、十分対応可能だ。私としては、注釈のない条文草案など、考えられない。条文草案は人体で言えば骨格でしかない。肉体・血管・神経は注釈の中にある。注釈がなければ骸骨でしかない。しかし、ＩＤＩの幹部は「無理」だというばかりで、私は頭にきたのである。ＩＤＩは、今年の四月末にジュネーヴで「感染症と国際法」を含む決議に関してジュネーヴでＩＬＣ委員なども招いて一大イベントを開くのだが、私は一旦は「欠席」と返事したが、いじけていても仕方がないと、出席することにした。来年（二〇二三年）はＩＤＩの創立一五〇周年記念行事がフランスで計画されているが、これは私は「欠席」である。

またＩＬＡについては、二〇二〇年の京都大会で採択された国際保健法委員会の報告書がＷＨＯの元職員やＷＨＯ法の専門家を中心に構成されていたことから、ＷＨＯのこれまでの措置を正当化するものになっていることにＩＤＩの会合などで批判してきたことで、私は不評を買っている。ＣＯＶＩＤ‐19の経験で、感染症の問題はＷＨＯだけに任せておくことはできない、というのが私の出発点だった。この委員会に日本から出ている委員の人たちにも、「何やってんの？」と言いたいところだ。ＩＬＡも来年創立一五〇周年の記念行事を予定しているが、私は出席する気がしない。

次に、ハーグアカデミーでは、センターの本の寄稿者の一人（オランダの研究者）が、自分の論文を中国語に訳して出版したいが良いか、とアカデミーの事務局に問い合わせたところ、アカデミーは、著作権はアカデミーにあり、中国語での翻訳・出版は許可しない、とその執筆者に通知してきた。英語の論文をそのまま他の出版物に転載するというわけではなく、中国語に翻訳したものに関する話である。事務局長の官僚的な対応に、私は非常に頭にきた。私は常に私の学生の権利を守る立場に立つ。来年はハーグアカデミー創立一〇〇周年の行事がハーグで開かれるが、私は出席しないと伝えた。

最後に、ＩＬＣについては、昨年秋、国連総会第六委員会の開催中にサイド・イベントが開かれ、ＩＬＣについて話すように求められた。そこで、私はＩＬＣが直面しているさまざまな問題点を抉（えぐ）り出すいくつかの点を指摘した。まず、近年のＩＬＣ委員の「質の低下」に関するラオさんの五グループの話から始まって、その課題選択が「国際社会の緊急の必要性」などほとんど考慮しないことの不適切さ、それに加えて、ＩＬＣが「歌を忘れたカナリア」のように「条文草案」作成という初心を忘れ、「結論草案」のような怪しげな最終文書ばかりを作っていること、その作業方法も非効率で大幅に改善の余地があることなどを指摘した。この講演は、第六委員会の各国代表には概して好評だったが、当然のことながら、ＩＬＣ委員には大不評で、誰かが、「ジュネーヴに行ったら、それこそ、殺されかねないぞ」という（もちろん冗談だが）。ＩＬＣは、来年七五周年を迎えるが、私の任期は今年限りで終わるので、いずれにしても私には関係ない

私としては、いずれも正しいことをしているつもりなのだが、その結果、長年一緒にやってきた友人を次々と失っていくのはちょっと寂しい。やはり、私も「年貢の納め時」がきたような気がする。

第六部　私の国際法人生

26　私の研究と教育

私の研究の特色

ここでは、私が執筆してきた国際法の論文に、もし何か特色があるとすれば、という前提で、私の勝手な自己認識と自己評価を書いておきたい。一つはテーマの選び方にあるかも知れない。山本先生は、論文の価値は、テーマの選択で七割が決まる、努力で報われるのは三割、とよく言っていた。政治学の岡義武教授が、学者の研究は井戸を掘る作業に似ていると言っていたそうだ。間口の広い井戸を掘れば、浅い井戸しか掘れない。間口を狭く取れば、（力の乏しい私のような者でも）、深い井戸が掘れる。深い井戸を掘れば、地下水脈に達することができ、水が噴き出してくる。学問的営為とは、そうした狭い専門的な視角から広い普遍の世界を見ることだ、と。もっとも、狭ければどこでも良いというわけでもない。水の出そうなところを掘らないと、いくら掘っても水は出てこない。どこを掘れば水が出るかを嗅ぎ当てるのは、多分に、その人のセンスの問題である。その意味で、私のセンスは、そう悪くはなかったかも知れない。

隙間（スキマ）の国際法

私は、先にも指摘したように、多くの場合、テーマを決める時に、隙間（ニッチ）をターゲットにしていたように思う。初期の「条約と慣習国際法の関係」は、その典型である。当時、条約法の専門家はすでに多かったし、慣習国際法についても多くの学者が論じていたが、両者の「関係」というスキマを狙った問題については、まだやっている人は少なかった。その後の「国際経済法と国際環境法との関係」も同じである。また、白とも黒ともつかない「灰色地帯」に目を向けることも、国際法では重要だ。対抗力の法理は、日本では山本先生が最初だが、私も若干の貢献はしたように思う。いずれにせよ、他の人がやっていないことをやらなければ学問としては意味がない。孫氏もその『兵法』（虚実編）で「攻而必取者、攻其所不守也」（誰も守っていないところを攻めれば必ず成功する）と、二千五百年も前に、言っているではないか。

学問的営為は、継続的な積み重ねである。陣地を最初から構築するのは大変だから、前にやった仕事の上に次の仕事を積み重ねるほうが、容易に陣地を拡大していくことができる。私の場合、最初の仕事は「最恵国条項」でこれは条約の第三国に対する効力の問題だったから、次のテーマとしては「条約の慣習法的効力」に拡大した。その次には、「慣習法の条約化」つまり法典化に関心を持ち、さらにそれを拡大して「国際立法」に進んだ。テーマの選択においては、内面的な一貫性を確保するように努めることが、肝要と思われる。

国際法は日々拡大を続けているから、えてして、色々な分野に手を染めることになりかねない。しかし、無原則に守備範囲を広げてしまうと、国際法学者としては根無し草の無国籍者になってしまう危険性がある。それを避けるためには、若い時に、国際法の「総論」(法源論、国家管轄権、国家責任論、紛争処理など）の中で、テーマを設定して、自分のホームグラウンドを確立しておく必要がある。私の場合は、法源論=国際立法がホームグラウンドになった。国際経済法、国際環境法、海洋法、宇宙法、安全保障法など色々な分野に首を突っ込んできたが、常に、法源論・国際立法論という理論的枠組みに照らして、研究を進めることができた。

ストーリー性

かつて、畏友・奥脇教授は、私の論文について「ストーリー性がある」と評してくれた。論文の書き方として、序論では幾つかの問題提起をする、本論ではそれを論証し、結論では、序論で提起した問題が、本論での論証を通して、一応答えられている、という風に構成するのが望ましい。つまり、論文は、立体的に構成されていないと読者を惹きつけないということだ。論文における「ストーリー性」とは、そうした立体的構成ということだろう。

ミステリー作家が小説を書くとき、作家は、今度こそ、人が予想もつかないような切り口で、読者を「アッ」と言わせてやろうと思っているに相違ない。ありきたりの密室殺人のプロットでは、見向きもされないからだ。私も、論文を書くとき、国際法の専門家や学生諸君を「アッ」と言わせたいという気持ちでやってきたように思う。それが成功したかどうかは分からないが。研究室（大学院）時代、先生や先輩から、「思いつきだけで、論文書くな」とよく言われた。しかし、ある法哲学の研究者が「思いつきもないのに、論文書くな」と言っていて、私は絶対的にこの法哲学の人の方が正しいと思っている。

「切り口の新しさ」と言っても、法学ではなかなか難しい。しかし、国内法と違って、国際法の場合には、「ニッチ」や「灰色地帯」あるいは「法と非法のギリギリのところ」というのが、まだ多く残っている。国際法では、院生レベルでも、innovative な発想で、新たな問題提起を行うことが可能である。国内法の場合は、最高裁判決で解釈の枠が決められてしまうが、国際社会には最高裁が存在しない（ＩＣＪも国際社会の最高裁ではない）から、それだけ自由度が広い。突飛な解釈と思われるようなものでも、世界のどこかに必ず同じような考えの「変わり者」（！）がいて、その突飛な解釈の支持者を見つけることができるので、過度に心配する必要はない。そこが、国際法の面白いところである。

死んでも死に切れない

私がこれまでに書いた論文の中で、最もラディカル（根源的）な問題提起をしたと勝手に考えているのが、一九九九年の「武力不行使に関する国連憲章と一般国際法との適用関係」という上智法学論集掲載（四三巻三号）の論文だ。これは、ＮＡＴＯのユーゴ空爆をめぐる議論を手がかりとして、特別法優位の原則にも拘わらず、条約としての国連憲章、とりわけその第七章が機能麻痺に陥った場合、武力不行使原則に関する適用法規は、国連憲章から一般国際法に転換するという仮説について、先例・学説に照らしてその論証を試みたものである。ＩＬＣのコスケニーミ教授による「国際法の断片化」（Fragmentation）の作業部会報告書にも同様の発想が見られるが、私の右の論文はこの報告書が出る六、七年前のことであり、私の独自の見解である。

この論文を書いていたとき、私はなぜか、もうこれが最後の論文になるかも知れないという思いに襲われていた。なぜそういう気持ちになっていたかは、全く思い出せないのだが、絶望的な気分だったのは確かである。体に悪いところはなかったから、健康上の問題ではない。この論文を完成できるまで、生きていられるかどうか分からないという心理状態だった。とにかく、生きているうちに、この論文だけは完成させなければならないと思った。「死ぬかも知れない」という危機感、切迫感で「適用法規の転換」という、自分でも思いもようなかった仮説を提示することに導かれた。この不思議な体験をして以来、この二〇数年間、新しい論文を書き始めると、「生きているうちに完成させなくては」、という追い詰められた気持ちに取りつかれることが多くなった。この論文を書き終わるまでは「死んでも死にきれない」と思ってしまう。そのためか、論文を書いているときは、集中力が増し、執筆のスピードも速くなったような気がする。

なお、論文を書くとき、私はできるだけ読みやすい文章で書くことに留意している。何度も何度も、推敲する。書いた文章は声を出して読んでみる。サラッとスムーズに読めなければ、その文章のどこかがおかしいのだ、音読して、耳で聞いてみると、文章のどこがおかしいのか、よく分かる。英語で書く場合は、必ずネイティヴの人に校閲してもらう。私は定冠詞 the の使い方が、未だによく分からない。私は the を付けすぎるようだ。

教師としての大学教授

私の父は生涯、教員だった。私が立教大学で初めて教壇に立つことになった時、父は、教壇の高さは、サムライの脇差と同じなのだと、教えてくれた。サムライは、間違いを犯した場合、直ちにその脇差で、自害することを求められるからだ。戦前の師範学校では、そう教えられた、という。私は、教壇で数々の間違いを犯してきたから、命がいくつあっても足りない。しかし、私に言わせれば、それが許されるのが、日本の大学教授だ。学者としての業績を上げている限り、あるいは違法行為に手を染めない限りは、教職を失うということは、まず、ない。

例えば、国家公務員だったら、小さな間違いも、許されない。それは直ちに勤務評定に反映され、その人の出世に影響しよう。しかし、大学教授の場合は、それはとくに問題にはならない。少なくとも、日本では、教室での発言が外に漏れることはない。（もっとも、今のSNSの時代では、そうも言っておられないかもしれないが）。中国では、学生が当局のスパイとして、教授の教室での不適切発言を告発し、それに対して、学生には報奨が与えられると聞く。そこで、私は、中国で教えるようになってから、とくに次のようなことを最初に強調することにしている。

私のアリバイ工作

教師には正面教師と反面教師がある。「正面教師」とは、学生が「ああいう人に自分もなりたい」と感服するような教師、逆に「反面教師」は「ああいう人だけには決してなりたくない」と思うような教師のことである。しかるに、教育的効果という側面で考えてみると、反面教師にも教師として存在しうる価値のあることが認められる。正面教師の真似は凡人にはできないから学生は落胆するばかりだが、反面教師のようにならないようにすることは誰にでもでき、そう促すことによって学生は自ら成長するのだ。

授業で、間違ったことを言ってしまった時は、「あれは君たちを試すために、わざとそう言ったんだ、よく気がついたね、誉めてあげよう」とでも言っておけば良い。学生の質問に答えられない時は、「うん、それはなかなか良い質問だ」と言って、頭のよさそうな学生を指して「君なら今の質問にどう答える？」と聞いて、その学生に答えさせればよい。その学生が答えている間に、何か気の利いたことを思い出すようにして、付け加えるのが良い(34)。

ついでに、もう一つ、学生は毎年変わっていくので、教師はとても元学生の名前を覚えられない。メモリー容量には限界があるので、一年の最後に成績をつければ、その時点で名前の記憶は削除される。ところが、学生の方は、先生が自分の名前を覚えていることを当然のように期待している。久しぶりに会った時など、どうしてもその学生の名前が出てこない。そういう時に対処する方法がある。「君の名前、何だったけ？」と正直に聞く。すると学生は「先生、私の名前、忘れちゃったんですか？」と不満そうに言いながら「鈴木ですよ」と答える。その時すかさず言う。「もちろん、『鈴木』は覚えているよ、忘れるわけ、ないだろ。忘れたのは、名前、下の名前の方だよ、何だったんだっけ？」と言う。「直子です」

と彼女が答えると「あっ、そうだった！　なおこ、直子だよね！　久しぶりだね、元気だった？」と応じる。政治家が地元でよく使う手なのだそうだ。

（34）My Alibi as a Professor: https://s-murase.blog/2017/08/16/a-professor-as-a-profession/

27 小説執筆も国際法の一部

私にとって、二〇二一年は、特別の年になった。ＩＬＣ、ＩＤＩ、ハーグアカデミー、と続けて成果を挙げることができたが、それだけでなく、小説も出版することができた。黒内彪吾の筆名でのロマンティック・ミステリー『禁断の赤ワイン』（東京図書出版 二〇二一年）である。私はこれまで、三篇の小説を発表してきた。（一）「流れ星を待ちながら」および（二）「明かりを消して」。この二作品は滝村光の筆名で、『流れ星を待ちながら』（東信堂 二〇〇六年）に収録。（三）『幻影の嘉例吉 ── 牧志朝忠とチル』（信山社、二〇一六年、黒内彪吾の筆名で出版）、一九世紀沖縄の歴史小説。今回の作品『禁断の赤ワイン』は、私の四作目ということになる。因みに、「黒内彪吾」の筆名は、「エドガー・アラン・ポー」を「江戸川乱歩」とした作家を真似て、恐れ多くも、国際法の父「ヒューゴー・グロチウス」を日本語化したものである。立教大学時代、私の研究室のすぐ隣に江戸川乱歩の家があり、彼が執筆に使っていた土蔵を、私はいつも窓から見ていたので、その頃に決めた名前だ。

「明かりを消して」は、研究室時代の敬愛する先輩・タナチューがモデルだが、ストーリーはもちろん全くのフィクションである。田中さんは、大学院終了後、都内の私立大学に就職した。国際法を講義する傍ら、図書館長として図書館の電算化に功績を上げた。しかし、一九九二年秋、五〇歳の若さで亡くなってしまった。この小説を書いている間、彼は無念だったろうなと、何度も涙した。

この作品を一応書き終えて、誰かに見てもらいたいと考え、石本泰雄先生に送った。「一部分、ポルノチックなところがありますが、私としては純文学のつもりです」という手紙を添えた。しかし、これを送ってから、私はひどく後悔した。私は石本先生の後継者として上智に赴任したのだから、国際法の研究に全力投球していなければならない。小説などにうつつを抜かしていると分かれば、激怒されるのではないかと恐れた。しかし、それは杞憂に過ぎなかった。先生からは、お褒めの言葉を頂き、「今は他の仕事で忙しく、今度、学士院で上京するときに、新幹線の中で読ませて頂きます」とあり、安堵した。加えて、「ポルノ部分は我慢できないので、そこだけ、すぐ読ませて頂きます」と書き添えてあり、ユーモアを交えた先生の心遣いに涙が出た。石本先生は一高文芸部で文学修行をした人だ。「学兄は、かの森鴎外翁も果たしえなかった学士院と芸術院の双方の会員になることでしょう」というなどという言葉もあった。それに加えて、先生からはまた「芥川賞を取るには二作品以上書いていることが必要だと聞いたことがあるので、次作も早く書くように」と勧めて下さった。

そこで、書いた二つ目の作品が、「流れ星を待ちながら」で、その主人公のモデルは、私が立教で教えた学生だった。彼は富士銀行に就職し、ニューヨークの世界貿易センターのオフィスで九・一一の同時多発テロに遭遇して命を落とした。最初に隣のビルが攻撃を受けた時、彼は一階まで降りたが、「このビルは大丈夫です。職場に戻るように」というアナウンスメントがあった。彼の米国人の同僚は、そのまま外に出て助かったが、真面目な彼は八〇階にあるオフィスに戻り、その直後、攻撃の犠牲になった。無念だったろうなと、何度も涙を流した。

これら最初の小説二編を一緒に『流れ星を待ちながら』を出版した際、出版社の社長は「売れる」と思ってくれたようで、二〇〇〇部を印刷すると言われた。普通、国際法の本の印刷部数は、六〇〇部である。二〇〇〇部とは、大丈夫かなと心配した。あとで聞いたところでは、売れたのは一七〇部だけという。しかもそのうち一〇〇部は、私が購入しているのだ！　出版社としては、売れ残った本をそのまま保管していると、保管料もさることながら、それは出版社の財産とみなされて課税されるので、処分せざるをえないということだ。こうして、哀れ、『流れ星』[35]は裁断されてチリ紙に姿を変え、トイレに流されて、その短い一生を終えたのである。

三作目の『幻影の嘉例吉 ―― 牧志朝忠とチル』は、一九世紀沖縄の歴史小説。牧志朝忠は、幕末の坂本龍馬にも比肩する英雄であるが、沖縄の人でも彼のことを詳しく知っている人は少ない。チルという舞姫は私の創作である。この女性は、辻という花街のジュリ（遊女）なのだが、一九世紀沖縄の花街がどうなっていたのかなど分からず、最初は途方に暮れた。しかし今はインターネットの時代、さまざまな文献が入手でき、この歴史小説を完成することができた。琉球王国は一七世紀初頭に薩摩に占領される以前は、東南アジアの国々と交易を行い、日本などよりずっと豊かな先進国だった。今でも、沖縄が独立すれば、アジアのハブとして栄えるに違いないと思う。せめて沖縄全島を「自由貿易地帯」にすれば、大いに繁栄するものと考えている。しかし、そのためには、まずもって、沖縄の人々が個人として自立しなければならない。そのことを、私はこの小説を通して訴えたかったのだ。沖縄の人々が望むならば、琉球王朝を再興し、私がその王位につくことも吝かではない、と周りの友人に言っているが、みな冗談だと思っているらしい。

四作目の最近作『禁断赤ワイン』[36]は、一〇年ほど前に、ジュネーヴで国際法委員会（ＩＬＣ）に出席している時に、書き始めた。当時、委員会では、私の提案が五大国出身の委員からの大反対に直面していた。他の中小国の委員が支援してくれて、最終的には私の提案が受け容れられたのだが、私の人生で、こんなに屈辱的な扱いを受けたことはなかったと、私は心底憤慨し、夜も眠れなかった。普通の人だったら、酒を飲んで紛らわすところだろうが、私の体質はアルコールを受けつけず、実はワインすら殆ど飲めないので、その怒りを抑え心理的な平衡を確保するためには、代わりに何か「超過激」なことをしなければならなかった。その怒りの「はけ口」として、この小説を書き始めたのである。その結果、濃厚な官能シーン満載になってしまった。流石に、出版の際の最終原稿では、その大半は削除したが。いずれにせよ、この小説は「大気の保護」の副産物である。

第三作目、四作目の作品は、私としては自信作なのだが、そして、かつて朝日新聞の学芸部部長も担当していた中学以来の友人・高木君も、直木賞に推薦されてもおかしくない作品だ、と言ってくれている。しかし、世間はそう思っていないようなのだ。カフカのような天才作家は、生きている間は正当に評価されない、ということが世の常である。私も、書き続けていれば、死後、評価されることになるのかも知れないと思いつつ、次の作品の構想を練っている今日この頃である。国際法の論文では、条約の条文や裁判所の判決文を変えることはできないが、小説では、登場人物を生かすも殺すも作者の自由、思いのまま宇宙遊泳しているような気分である。

なお、国際司法裁判所（ＩＣＪ）規程三八条一項（d）には、適用法規に条約や慣習国際法、法の一般原則のほか、補助的手段として「諸国の最も優秀な著作者の教え」（teachings of the most highly qualified publicists）が含まれている。ある時ＩＬＣで、この規定をそのまま引用すべきかどうかが問題になった。「著作者」というのは余りにも広いから、「国際法専門家」あるいは「法律家」に変えようと誰かが提案した。しかし、タイの委員が「現在の海洋法会議の議長は音楽家であり、彼女が海洋法について述べたことが音楽家だからと言って適用できないというのはおかしい」と述べた。すると、中国の黄（H. Huang）委員が、「村瀬委員は小説を書いている、それもロマンティックな小説である。小説家はこの『著作者』の中に含めるべきではない」と主張した。私は、私の作品には、対抗力の法理や、テロリズム規制など国際法の重要な争点にも言及しており、裁判で適用可能な素材であると反論した。その時のＩＬＣの結論では、右のＩＣＪ規程の文言は変更しないで、そのまま引用しておこう、ということになった。だから、私の小説は、国際法の論文の中でも、大いに参照して欲しいと思う。

次作のタイトルは、すでに決まっている。一九三〇年代に米国でベストセラーになったMurder in the Library（図書館殺人事件）に倣って、Murder in the Commission（国連委員会殺人事件）にしようと思っている。フィクションとはいえ、外交問題を引き起こしてはまずいので、誰が殺されることにするか、また、誰が殺したことにするか、悩ましいところではある。

（35）「小説家への転身願望」村瀬ブログ：https://livedoor.blogcms.jp/blog/smurase/article/edit?id=3233643
（36）「黒内彪吾　禁断の赤ワイン」村瀬ブログ：https://livedoor.blogcms.jp/blog/smurase/article/edit?id=30631653

外務大臣表彰

二〇二一年八月のはじめ、外務省から、私を「外務大臣表彰」することになったので、受けて頂けますか、という問い合わせがあった。毎年、二〇〇人近い人が、この表彰を受けるのだそうだ。過去の受賞者のリストを見ると、在外公館の公邸シェフの人たちや、外国人や在外日本人で日本文化を紹介している人たちが主である。私自身は、とくに日本の外交に貢献したこともなく、まして、表彰の理由とされる「法の支配」への貢献など、思い当たることがない。受けるべきかどうか、やや迷った。しかし、外務省の中でこの表彰のために尽力してくれた人がいるのだ、そのことに感謝して、やはり受けるべきだろうと考え、そう返事した。通常はレセプションをやって、そこで、表彰状と副賞（卓上時計）を渡すのだが、コロナ禍のため、前年と同様、八月中に郵送で送るということだった。

ところが、八月中には何の音沙汰もなく、九月が過ぎても、何も届かない。「あの件はどうなったのでしょうか？」と外務省に問い合わせようかとも思ったが、それも憚られた。歳をとると人は疑い深くなる。疑心暗鬼に囚われた私は、きっと、私の素行の悪いことが外務省に知れて、表彰しないということになったのかと、考えた。私の小説『禁断の赤ワイン』がすでに出版間近ですでに宣伝が行われていたので、それが原因ではないか。このような場合、外務省としては、「これこれの理由で表彰できないことになった」と説明すれば、それが逆に問題を惹き起こすかも知れない。だから、外務省もこの際は、忘れることにしようと決めたのかも知れないと、思った。それで、私も忘れることにした。

ところが、一〇月の中旬になって、外務省から連絡があり、驚いたことに、局長室で表彰式を執り行うとのこと。私の素行の問題ではなく、単にスケジュールの調整に時間がかかったということのようであった。当日は、新旧の局長や課長のほか、外務省から私を補佐するためにこれまでジュネーヴに派遣されて来た若い事務官が十名ほど集まってくれて、短時間だったが、この上なく楽しいリユニオンだった。思えば、国際法専門家としての私は外務省の人たちによって育てられたと言っても過言ではない。そのことを思い起こし、私の心からの感謝を申し上げた。

28　死ぬ時は明かりを消して

健康維持

横田喜三郎先生や小田滋判事など、国際法学者には長寿の人が多い。数学や物理と違って、あるいは詩人や小説家などとも異なり、国際法の場合、評価される仕事をするためには、「長生き」することが不可欠である。私の場合、体力の低下は否めないが、後期高齢者になっても、歯医者以外に健康保険の世話になったことはない。酒は飲めない体質だし、煙草はやらない。もっとも、煙草は大学院に入った時、タナチューの影響もあって、本数は少なかったが、ずっと吸っていた。タバコを吸うと、何かインテリになったような気がしたのだ。ハーバードに留学した折はやめていたが、立教に戻った時、学生が吸っているのを見て、また吸い始めた、しかし、国連に出向した時、もう決して吸わないと決断して、それ以来すでに四十年以上、吸っていない。今のところ、体でとくに悪いところはない。年に一回、年中行事のように、突然、腰痛に襲われるが、これも数日すると消える。老人に必要な三つの「ない」、すなわち、風邪引かない、転ばない、食べ過ぎない、を守っていれば、それなりに「長寿」をエンジョイできるのではないか。

今でも、朝食はたくさん食べる。半熟卵を二つ、薄切りベーコン三切れ（オリーブ油でカリカリに炒め脂を全部出し切る）、野菜サラダにパン（クロワッサン）。それに、とくに重要なのが「ゴーヤジュース」。これは、ゴーヤ（苦瓜）にレモン、蜂蜜、バナナ、パイナップル、冷凍マンゴー、ケール、ヨーグルトを入れ、ダイア氷と共に、ミキサーでかき混ぜる（ジュースというよりスムージー）。これを飲むようになってから、風邪を全くひかなくなった。ゴーヤはビタミンCが豊富だし、体の中の汚いものをみんな浄化してくれるような気がする。このスムージーを飲むようになったのは、この二〇年くらいで、それ以前はオレンジジュースだったが、それ以外、この朝食メニューは少なくともこの四〇年位は不変である。卵とベーコンは脂肪が多すぎるという人が多いが、これを変える気にはならない。「朝食は米国大統領のように豪勢に、夕食は英国の小作農夫のように質素に」と言う。私の場合、昼食や夕食は少量である。なお、毎朝、亜麻仁オイル（オメガ3）を小さじ一杯飲む。ゴーヤジュースも亜麻仁オイルも、それが「効く」と固く「信じて」飲むことが肝要である。食事は、最初に野菜を五分以上かけて食べ、米やパンは最後に食べる。

それでも、死はいつかはやってくる。二〇年後かも知れないし、明日かも知れない。老人の場合、昨日まで元気だった人が、今日、突然亡くなるということも稀ではない。夜の睡眠は体力がないから六時間で目が覚める。睡眠には体力が必要なのだ。しかし、朝食後はまた眠くなるから再び二時間弱、寝る。昼食後も夕食後も同じ。眠るためにエネルギーを補給しているような感じだ。こうして今は、起きている時間が一日一二時間、眠っている時間は一二時間。段々と寝ている時間が、一四時間、一六時間、二〇時間と長くなって、二四時間になれば「永眠」である。そういう風に、自然に永眠できれば、幸せである。

最期の言葉

ゲーテの最期の言葉「もっと光を！」などと比べると、やや貧相だが、死ぬ時は「明かりを消して」と言うことにしている。生まれたとき、最初に聞いたのが「明かりを消して」という言葉だったから、死ぬ時も、それがふさわしいと思う。論文を書くときと同じだ。序論で使った言葉を、結論でも繰り返す。人生の「総括」はできなくても、何とかまとまりのつくような感じがするではないか。

死んだら私の遺体は「献体」することにしている。かつて、「科学的知見と国際立法」という論文を書いているとき、自分も何か科学に貢献すべきではないかと考え、献体を思いついた。私が「国際立法の父」と仰ぐジェレミー・ベンサム（一七四八―一八三二）は、遺言で、自分の遺体をオート・アイコンとして、彼が創設に関わったとされるUniversity College London, UCLに寄贈された。UCLでは教授会の際、このオート・アイコンが持ちこまれ、議事録には「ベンサム教授は出席したが、評決には加わらなかった」と記録されるのが慣わしとか。私は「白菊会」に加入し、死亡の場合、私の遺体は、近くの杏林大学病院で、医学生の手術の訓練に用いられることになっている。これで、葬式をやる必要がなくなった。白菊会からは、律儀にも、年に二回ほど連絡がある。その度に私は「すみませーん、まだお迎えがきませーん！」と呟く。

どうやら、「この世」から「あの世」への私の移籍について、「捨てる神」と「拾う神」との間の話し合いが、まだ、まとまらないようである。成り行きに、注目したい。

参考資料

1 「私の祖先」村瀬信也ブログ：
https://livedoor.blogcms.jp/blog/smurase/article/edit?id=22316754

2 「山本草二教授追悼」村瀬ブログ：
https://livedoor.blogcms.jp/blog/smurase/article/edit?id=15606715

3 「石本泰雄教授追悼」村瀬ブログ：
https://livedoor.blogcms.jp/blog/smurase/article/edit?id=15606939

4 「小松一郎大使追悼」村瀬ブログ：
https://livedoor.blogcms.jp/blog/smurase/article/edit?id=21963080

5 「大沼保昭教授との思い出」村瀬ブログ：
https://livedoor.blogcms.jp/blog/smurase/article/edit?id=23853090

6 "Eulogy for Professor James Crawford": s-murase.blog:
https://s-murase.blog/2021/08/17/eulogy-for-professor-james-crawford/

7 "Eulogy for Professor Alexander Yankov": s-murase.blog:
https://s-murase.blog/2019/11/17/obituaries-at-ilc-professor-alexander-yankov/

8 "Eulogy for Ambassador Chusei Yamada": s-murase.blog:
https://s-murase.blog/2017/08/28/obituaries-at-ilc-mr-chusei-yamada/

9 "Eulogy for Mr. Boutros Boutros-Ghali": s-murase.blog: https://s-murase.blog/2017/08/28/obituaries-at-ilc-mr-boutros-boutros-gali/

10 "Commemorative Event of Book Donation": s-murase.blog: https://s-murase.blog/2017/08/26/commemorative-event-of-book-donation/

11 "Farewell Lecture at Peking University": s-murase.blog: https://s-murase.blog/2019/10/05/farewell-lecture-at-peking-university/

12 "My Alibi as a Professor": s-murase.blog: https://s-murase.blog/2017/08/16/a-professor-as-a-profession/

13 "Memories of the Group": s-murase.blog: https://s-murase.blog/2017/08/24/memories-of-the-group/

14 「学会活動における小和田判事の貢献」岩澤他・編『国際関係と法の支配：小和田恒国際司法裁判所裁判官退任記念』（信山社 二〇二一年）一四二五－一四二九頁。

15 「スキマの国際法学」村瀬ブログ：https://livedoor.blogcms.jp/blog/smurase/article/edit?id=22241947

16 「条約解釈と聖書解釈」村瀬ブログ：https://livedoor.blogcms.jp/blog/smurase/article/edit?id=21582833

17 「74歳の『就活』」村瀬ブログ：https://livedoor.blogcms.jp/blog/smurase/article/edit?id=3768092

村瀬信也　略歴

一九四三年四月　名古屋市で出生（四日）
一九五〇年四月　名古屋市立八事小学校入学
一九五六年四月　私立東海中学校入学
一九五九年四月　私立東海高等学校入学
一九六一年九月　米国ニューメキシコ州アーティジア高等学校編入
一九六二年六月　アーティジア高等学校卒業
一九六二年九月　東海高等学校編入
一九六三年四月　国際基督教大学教養学部社会科学科入学
一九六五年一二月　毎日新聞・日本外政学会「国連派遣賞受賞」
一九六七年四月　東京大学大学院法学政治学研究科進学
一九七二年三月　東京大学大学院修了（法学博士）
一九七二年七月　立教大学法学部専任講師（一九七四年助教授、一九八二年教授）
一九七四年八月　ハーグ国際法アカデミー研究センター研究員
一九七四年九月　ハーバード・ロー・スクール客員研究員（七六年七月まで）
一九八〇年五月　国際連合事務局法務部法典化課法務担当官（八二年四月まで）

村瀬信也　略歴

一九九三年四月　上智大学法学部教授（二〇一四年まで）
一九九五年一月　コロンビア・ロー・スクール客員教授（三月まで）
一九九八年一月　ハーグ国際法アカデミー講師
二〇〇四年一月　アジア開発銀行行政裁判所裁判官（二〇〇四年まで）
二〇〇四年一月　ハーグ国際法アカデミー学術理事会委員（二〇一六年まで）
二〇〇七年五月　気候変動政府間パネル主要執筆者（二〇〇七年まで）
二〇〇八年八月　内閣府「安保法制懇」委員（二〇一三年まで）
二〇〇九年五月　国際法協会「気候変動の法的側面」国際委員会委員長（二〇一四年まで）
二〇〇九年五月　国連国際法委員会委員（二〇二二年まで、二〇一三年から二〇二一年まで「大気の保護」特別報告者）
二〇一一年八月　万国国際法学会準会員（二〇一七年正会員、二〇二〇年から二一年まで「感染症と国際法」に関する報告者
二〇一四年三月　上智大学名誉教授
二〇一四年九月　中国青年政治学院客員教授（二〇一七年まで）
二〇一七年九月　北京大学客員教授（二〇二二年まで）
二〇二〇年六月　ハーグ国際法アカデミー研究センター「感染症と国際法」ディレクター（二〇二一年まで）

主要な著書及び論文の目録

I　主要著書

1　単　著

（1）『国際法の経済的基礎』有斐閣、平成13年（2001年）9月330頁。
(著者の初期の論文集。下記Ⅱ（1)-(8）の各論文を所収。序論 国際法研究における方法論の模索、第1部 最恵国条項の展開、第2部 国際経済法の課題)

（2）『国際立法──国際法の法源論』東信堂、平成14年（2002年）5月、774頁。
(国際法の法源および国際立法に関する下記Ⅱ（9)-(35）の諸論文(但し（12)、(18）を除く）を所収。第1章 法源論の諸相（序論的考察)、第2章 条約と慣習法、第3章 国際立法の存立基盤、第4章 国際立法の展開、第5章 国際環境立法、第6章 国際立法と紛争処理、第7章 国際立法と国内法)

（3）『国際法論集』信山社、平成24年（2012年）1月、471頁。
(平成12年（2000年）以降の諸論文 下記Ⅱ（36)-(52）を所収。第1部 国際立法、第2部 気候変動、第3部 安全保障法、第4部 国際法断片、第5章 国際法と人間)

（4）*International Law: An Integrative Perspective on Transboundary Issues*, Sophia University Press, 2011, 450 pages (February 2011).
(英語で発表した諸論文、下記Ⅲ（1)-(11)、(14)、(15）を所収。第1部 国際環境法への視点、第2部 貿易と環境、第3部 一方的措置と対抗力、第4部 日本と国際法)

（5）『国際立法──国際法的法源論』中国人民公安大学出版社、平成24年（2012年）4月、388頁。
(上記（2）の中国語訳（秦一禾訳))

2 編著等

（6）『現代国際法の指標』有斐閣、平成6年（1994年）3月、358頁（奥脇直也、古川照美、田中忠との共編著）。
（第1部 現代国際法の動態、第2部 国際法の実現過程、第3部 国際紛争処理法の展開、第4部 武力規制法の基本構造）

（7）『国家管轄権──国際法と国内法』勁草書房、平成10年（1998年）2月、708頁（山本草二教授古稀記念論文集、奥脇直也との共編著）。

（8）『武力紛争の国際法』東信堂、平成16年（2004年）12月、895頁（石本泰雄教授傘寿記念論文集、真山全との共編著）。

（9）『自衛権の現代的展開』東信堂、平成19年（2007年）5月、308頁（編著）。

（10）『国際刑事裁判所──最も重大な国際犯罪を裁く』東信堂、平成20年（2008年）3月、360頁（洪恵子との共編著）。

（11）『海洋境界画定の国際法』東信堂、平成20年（2008年）10月、225頁（江藤淳一との共編著）。

（12）『国連安保理の機能変化』東信堂、平成21年（2009年）5月、203頁（編著）。

（13）『地球的課題と法』放送大学教育振興会、平成22年（2010年）3月、188頁（編著）。

（14）『変革期の国際法委員会』信山社、平成23年（2011年）4月、564頁（山田中正大使傘寿記念論文集、鶴岡公二との共編著）。

（15）『国際経済法講座Ⅰ』法律文化社、平成24年（2012年）11月、497頁（日本国際経済法学会創立20周年記念論文集、編著）。

（16）『国際法の実践』信山社、平成27年（2015年）6月、846頁（小松一郎大使追悼記念、柳井俊二との共編著）。

（17）*Epidemics and International Law*, The Hague Academy of International Law, Brill/Nijhoff, 2021, 708 pages,（Suzanne Zhouとの共編著）

Ⅱ　主要論文（邦文）

（1）「最恵国条項論」(1)(2) 国際法外交雑誌72巻（1974年）4号429-476頁、5号535-585頁。
(1972年に提出した博士学位論文「最恵国条項の研究」の一部。最恵国条項の法史を跡付けつつ、それを通して近代国際法の歴史的性格に光を当てようとした。同時に、関連の国際判例研究によって、最恵国条項の法的性質とその基本機能を明らかにした)

（2）「特恵制度の展開と多編的最恵国原則」立教法学15号（1976年）1-74頁。
(博士論文の一部。最恵国条項の例外としての伝統的な地域主義的特恵と戦後における途上国特恵の差異を、GATT における最恵国原則の多編的組織化という法状況の中で再評価した)

（3）「社会主義国との最恵国条項」ジュリスト534号、1973年、112-121頁。
(博士論文の一部。最恵国原則の自動的均霑機能は市場経済体制の中でこそ実現可能であるが、計画経済体制の中で、それはどのように変容しているかを実証的に検討した)

（4）「国際経済法における主権概念の発現形態（試論）──経済開発協定の国際的展開」国際法政研究10号（1973年）28-50頁。
(1969年に提出した修士論文の一部。コンセッション協定が経済開発協定として「国際化」する過程につき、主としてその準拠法問題を中心に検証し、判例・学説に照らしてその法的性質を考察した)

（5）「国際経済組織と国内法」ジュリスト628号、1977年、210-216頁。
(国際経済組織といわれるものを類型化したうえで、その法人格、法律行為能力、特権免除等について検討した)

（6）「ASEAN と国際法──域内協力体制の法形態」安田信之編『ASEAN 法──その諸相と展望』アジア経済研究所、1987年、

23-42頁。
（非法的アプローチを優先するASEANの「法的」枠組の特徴を浮き彫りにした）

（7）「ココム規制に関する国際・比較法的検討」ジュリスト895号、1987年、17-23頁。
（条約その他の国際約束ではないココムが、わが国の国内法制といかなる関係に立つかを明らかにすべく、米国ほか西欧諸国の輸出管理法制・安全保障条項を比較法的に検討した）

（8）「GATTの規範的性質に関する一考察――セーフガードにおける選択性の問題を手がかりとして」東北大学・法学、52巻5号（山本草二教授退職記念）1988年、779-813頁。
（GATT のセーフガード条項の分析を通して、GATTの柔緩で分立的・断片的なしかし実務的叡智を反映したユニークなその規範的性格を明らかにしようとした論稿）

（9）「条約規定の慣習法的効力――慣習国際法の証拠としての条約規定の援用について」寺沢一・他編『国際法学の再構築・上』（高野雄一教授還暦記念）東京大学出版会、1977年、3-40頁。
（国際裁判・国内裁判の判例に即して、条約規定を国際慣習法の証拠として援用する場合の問題点を、多数国間の法典化条約の場合と二国間条約の典型条項が累積する場合にわけて、考察した）

（10）「ウイーン条約法条約38条の意義」国際法外交雑誌、78巻1・2合併号、1979年、57-78頁。
（条約が当事国以外の第三国に対して効力を及ぼす場合の一類型として、条約が国際慣習法の証拠として援用される場合について、条約法条約38条の起草過程における一般的承認説と個別的承認説の対立を軸に検討した）

（11）「新国際経済秩序と国際立法過程」ジュリスト731号、1981年、245-250頁。
（国連法典化部における担当官としての経験を踏まえて、国際立法

過程で考慮すべき問題点を指摘した）

(12)「日本の判例を通して見た承認と外人法」国際法事例研究会『国家承認』日本国際問題研究所、1983年、306-318頁。
（立法上の相互主義、出入国管理、未承認国家（政府）の訴訟能力および裁判権免除等と承認との関係を考察）

(13)「現代国際法における法源論の動揺――国際立法論の前提的考察として」立教法学25号、1985年、81-111頁。
（それまでの筆者の法源論研究を総括し、法源理論の新たな発展を見据えて、国際立法論の前提的作業を試みた論文）

(14)「国際立法学の存在証明」浦野起央・牧田幸人編『現代国際社会の法と政治』（深津栄一教授還暦記念）北樹出版、1985年 105-129頁。
（国際立法学というものが成り立つとすれば、その法的・歴史的基盤は何かという問いに対して、仮設的に、この学問領域の特質を提示した論考）

(15)「国際法委員会における立法過程の諸問題」国際法外交雑誌、84巻6号、1986年、25-64頁。
（国際法委員会における法典化と漸進的発達の作業方法について、課題の選定、草案の準備と定式化、最終形式および採択後の問題等について詳細に検討した）

(16)「国連海洋法条約と慣習国際法――『国際立法』のパラドックス」外務省『海洋法と海洋政策』9号、1986年、1-25頁。
（国連海洋法条約の起草は、コンセンサス・ルールとパケッジ・ディールを基本として一元的・包括的な国際立法を実現するという理念の下に進められたが、最終段階でコンセンサスが破綻したため、「普通の」多数国間条約の場合と同じく、国際慣習法の自生的展開が開始したとする独自の見解をまとめた）

(17)「宇宙開発の国際法と日本――宇宙基地協定をめぐって」大沼保昭編『国際法、国際連合と日本』（高野雄一教授古稀記念）弘文

堂、1987年、327-359頁。

（当時、米国・日本・欧州13か国との間に国際宇宙ステーションに関する協定が交渉中であったが、宇宙基地における「管轄権と管理」の態様を、知的所有権の保護、刑事管轄権の配分、不法行為責任の準拠法などの観点から分析し、日本がこれに参加する場合に留意すべき諸点を明らかにした）

(18)「日本の国家実行における政府承認の手続および判断基準」国際法事例研究会『国交再開・政府承認』慶應通信、1988年、239-254頁。
（わが国における政府承認の手続、方法、判断基準について考察。承認の時期や承認の要・不要の判断、判断基準としての客観的・主観的要因等を分析した）

(19)「GATT の立法過程」貿易と関税、443号、1990年、12-18頁。
（ウルガイ・ラウンドにおいて世界貿易機関（WTO）設立の機運が高まっていた背景の中で、GATT における立法過程を明らかにした）

(20)「地球環境保護に関する国際立法過程の諸問題──主権国家の位置と限界」大来佐武郎『地球環境と政治』（講座地球環境・第4巻）中央法規出版、1990年、217-230頁。
（地球環境の保護に関する多数国間条約の作成が進む中で、一般的・対世的義務の設定と各国の主権との調整や新たな義務に対応する手続法的な問題等を論じた）

(21)「国内裁判所における慣習国際法の適用」広部和也・他編『国際法と国内法──国際公益の展開』（山本草二教授還暦記念）勁草書房、1991年、133-170頁。
（国際法と国内法の関係に関する前提的考察を行った後、慣習国際法の国内的受容に関する各国法制を概観し、わが国の裁判所における慣習国際法の適用につき、判例に照らして検討した）

(22)「国際環境法──国際経済法からの視点」ジュリスト1000号、

1992年、360-365 頁。

(国際環境法については、国際人権法の観点から接近する立場が主張されることが多いが、環境問題の多くが、人間の経済活動から生じており、環境規制も経済法の手法に近似したものが多いことから、国際経済法の観点から接近する効用が大きいことを指摘し、気候変動条約の形成過程におけるGATTモデルやOECDモデルなどを紹介した)

(23) 「海洋環境の保全と国際法」国際問題398号、1993年、44-53頁。
(海洋環境保護に関する国家の「一般的義務」の法的性質や「保証責任」の意義、海洋汚染に関する問題の推移と国際法の対応などを考察した)

(24) 「国際環境法における国家の管理責任――多国籍企業の活動とその管理をめぐって」国際法外交雑誌93巻3・4合併号、1994年、130-159頁。
(多国籍企業による環境損害に関する裁判管轄権や民事責任の履行確保をはじめ、国家が負うべき責任の態様を、関連の判例に照らしつつ、国際法上の国家責任の転換という視点から考察した論文)

(25) 「ガットと環境保護」日本国際経済法学会編『国際経済法』3号、1994年、1-24頁。
(GATTの紛争処理を通して明らかになった「貿易と環境」に関する争点を、国際法の観点からいかに評価するかを論じた)

(26) 「国際紛争における『信義誠実』原則の機能――国際レジームの下における締約国の異議申立手続を中心に」上智法学論集（石本泰雄教授退職記念号）38巻3号、1995年、189-221頁。
(国際経済条約、人権条約、環境条約、軍備管理条約等に規定される異議申立て制度を横断的に整理し、国際紛争の多様化の中で、こうした非司法的手続きが果たす役割を、信義誠実原則の機能とともに検証した)

(27) 「『環境と貿易』に関するWTO紛争処理の諸問題」貿易と関税

535号、1997年、78-86頁。

（WTO 紛争処理手続は、対象協定でカバーされる貿易事項については「自己完結的制度」として成立しているが、カバーされていない環境保護措置、とくに国家の一方的措置に基づく措置については、これをいかに評価すべきかを論じた）

(28)「国際環境条約の履行確保と経済的手段――気候編枠組条約の下における環境税および共同実施について」日本エネルギー法研究所『国際原子力安全・環境保護規制と国内法制の接点』1997年、127-147頁。
（気候変動に対処するため個別国家が環境税を採用する場合には国境税調整が必要となる。複数国が共同実施を行う場合には、特恵的な待遇を認め合うことになる。いずれの場合も、WTO／GATTとの整合性をいかに図るかが問題となる）

(29)「日本の国際法学における法源論の位相」国際法外交雑誌96巻4・5号（国際法学会創立100周年記念号）1998年、175-203頁。
（国際法学会創立100周年記念の学会報告。開明期の日本の外交担当者が国際法と出会って最初に関心をもったのは法源論であった。わが国で法源論の理論的な体系化を完成したのは立作太郎博士、そしてそれを発展させたのは、横田喜三郎・田岡良一の両博士であった。戦後における法源論は、法解釈論と立法論との密接な関係を意識しながら、飛躍的な発展をとげた）

(30)「国家管轄権の一方的行使と対抗力」村瀬信也・他編『国家管轄権――国際法と国内法』（山本草二教授古稀記念）勁草書房、1998年、61-82頁。
（法が確立していて法律行為としてとられる「一方的行為」とは別に、法が生成過程にあるところでとられる「一方的措置」について、その「対抗力」の構成要素と条件を明確化した論考）

(31)「国際組織の一方的措置と対抗力――国連憲章第7章の下における軍事的措置の容認をめぐって」上智法学論集42巻1号（山本草

二教授退職記念号)、1998年、5-38頁。

(第一次湾岸戦争などで国連安保理が憲章が予想しなかったような形で強制行動を「容認」(授権) した場合の、いわゆる多国籍軍の法的地位について、これを国際組織による一方的措置として捉え、その対抗力を認めるべきとする論考)

(32) 「原子力平和利用国際レジームの法構造——IAEA 保障措置の位置と機能」日本エネルギー法研究所『国際原子力利用法制の主要課題』1998年、67-91頁。
(IAEA 保障措置の変遷とその具体的内容を概観したのち、不遵守の場合の国連安保理の対応や、保障措置対象施設に対する武力行使の禁止原則等について検討した)

(33) 「国際環境レジームの法的側面——条約義務の履行確保」世界法年報19号、1999年、2-22頁。
(国際環境レジームの原初形態として保存水域などを概観、現代における国際環境レジームの特質を、その対内関係と対外関係について考察、さらに国際環境レジームにおける国際法と国内法の関係および一般国際法における国際環境法の位置づけと方法論について検討した)

(34) 「『貿易と環境』問題の現状と課題」森島昭夫・他編『環境問題の行方』(ジュリスト増刊) 1999年、314-318頁。
(上記 (25) 論文を改訂増補した論稿)

(35) 「武力不行使に関する国連憲章と一般国際法との適用関係——NATO のユーゴ空爆をめぐる議論を手掛かりとして」上智法学論集43巻 3 号、1999年、1-41頁。
(特別法優位の原則にも拘わらず、条約としての国連憲章、とりわけその第 7 章が機能麻痺に陥った場合、武力不行使原則に関する適用法規は、国連憲章から一般国際法に転換するという仮説について先例・学説に照らしてその論証を試みた)

(36) 「朝鮮半島エネルギー開発機構 (KEDO) をめぐる国際法上の問

題点――国際組織および加盟国の第三者責任を中心として」日本エネルギー法研究所『原子力平和利用をめぐる国際協力の法形態』2000年、35-55頁。
（国際組織が解散・破産した場合、第三者に対する責任を誰が負うのか、当該国際組織か、それとも加盟国か。KEDOの場合を想定して、先例に照らしながら第三者責任を類型化し、国際組織と加盟国の間の責任配分の在り方を考察した）

(37) 「等距離中間線以外による境界画定事例――当事者が等距離中間線以外の線で合意に至った交渉経緯と背景」国際問題研究所『海洋境界画定に関する二国間協定に関する調査』、2000年、43-56頁。
（海洋境界画定については、すでに多くの国際判例があるが、裁判まで行かずに関係国で合意が成立しているケースも少なくない。それらの事例の検討を通じて、境界画定の動向を探った）

(38) 「国際環境法の履行確保――その国際的・国内的側面――京都議定書を素材として」ジュリスト1232号、2002年、71-78頁。

(39) 「京都議定書の遵守問題と新たな国際レジームの構築――米国および途上国を含めた代替レジームの可能性」『三田学会雑誌』96巻2号（慶応義塾大学）2003年、5-18頁。

(40) 「京都議定書に代わる新たな国際レジームの可能性」澤昭裕・関総一郎編『地球温暖化問題の再検証』東洋経済新報社、2004年、267-301頁。

(41) 「TBT協定」地球産業文化研究所『貿易と環境の調和に関する調査研究委員会報告書』2004年、81-92頁。
（以上4点は、京都議定書には、義務の片務性、基準年の不合理性、不遵守手続きの妥当性など国際法上も様々な問題点があり、持続可能な温暖化対策を確保できる議定書ではありえない、という点を詳細に検討・批判した論考である）

(42) 「武力紛争における環境保護」村瀬信也・真山全編『武力紛争の国際法』（石本泰雄教授傘寿記念）東信堂、2004年、631-654頁。

（環境改変技術敵対的使用禁止条約やジュネーヴ条約追加議定書などの実定法規定に照らして、武力紛争時において環境破壊行為がどの程度制限されるか、軍事的必要性と環境配慮とのバランスの中で、その基準を模索した）

(43) 「石本泰雄教授の戦争法・中立法研究とその背景」同上、861-871頁。
（石本教授の生い立ちを回顧しながら、その戦争法・中立法研究の特色を叙述した）

(44) 「気候変動に関する科学的知見と国際立法」国際問題2008年、46-58頁。（気候変動など最先端の問題については、科学と国際法との協働が不可欠である。国際法は日進月歩の科学的知見の増大にいかに対応してきたかを、国際環境法の基本原則である「維持可能性」などの鍵概念を素材に検証した）

(45) 「国際法における国家管轄権の域外執行──国際テロリズムへの対応」上智法学論集49巻3・4号、2006年、119-160頁。
（9. 11同時多発テロへの反撃行為を、国際法上の自衛権行使と捉える通説に対し、域外的法執行活動として捉えるべきとする立場から、通説の論理的矛盾を指摘しつつ、類推可能な先例に照らして、検討した）

(46) 「安全保障に関する国際法と日本法──集団的自衛権および国際平和活動の文脈で」（上）ジュリスト1349号、2008年、92-110頁；（下）同1350号、2008年、52-66頁。
（従来の政府見解では、憲法９条の下で集団的自衛権は「保有」するが「行使はできない」ということになっているが、そうした解釈が確立してきた経緯を明らかにして、その問題点を指摘した。また、国連平和維持活動と憲法９条との整合性についても検討）

(47) 「ポスト京都の国際枠組──気候変動政府間パネル第４次報告書のメッセージ」上智法学論集51巻3・4合併号、2008年、73-98頁。
（筆者のIPCC主要執筆者としての経験を踏まえ、京都議定書以降

の将来枠組の考え方について提言した）

(48)「気候変動枠組条約：柔軟性と拘束性の相克」ジュリスト1409号、2010年、11-20頁。
（８年前の上記（36）論文での予言通りに京都議定書をめぐる問題が推移していることを踏まえ、同議定書の過ちを繰り返さないために、将来枠組についてはWTO／GATTモデルによるべきことを提唱）

(49)「国際法委員会の現在と将来の展望」村瀬信也・他編『変革期の国際法委員会』（山田中正大使傘寿記念）信山社、2011年、115-133頁。
（岐路に立つ国際法委員会の現状と課題を批判的に検証し、将来に向けて、課題の選択、作業方法、条文草案の最終形式、第６委員会との関係などについて、再考すべき点を明確化した）

(50)「大気の保護と国際法」薬師寺公夫編『現代国際法の思想と構造』（松井芳郎教授古稀記念）第２巻、東信堂、2012年、5-26頁。
（筆者が国際法委員会に提案した「大気の保護」に関する理由説明と関係条約・判例等の解説、基本原則として挿入されるべき条文草案の基となる国際法上の根拠等について詳述した）

(51)「トワイライトの向こうに──悲劇の国際法学者トーマス・ベイティ」外交フォーラム、2003年４月号、70-77頁、５月号72-79頁、６月号78-85頁。
（英国の優れた国際法学者トーマス・ベイティ博士の評伝。戦間期、法律顧問として日本の政策を弁護したため、戦後、英国への帰国を認められず苦難の晩年を送った。平和主義者であったとともに「女性国際法学」の先駆者でもあったことを初めて紹介）

(52)「1907年ハーグ密使事件の遺産」『変容する社会の法と理論』（上智大学法学部50周年記念）、有斐閣、2008年、217-246頁。
（1907年韓国皇帝から秘密裏に派遣された３人の使節について、未解明資料も用いて、その軌跡を明らかにした）

(53) 「国際法の『断片化』と国際経済法」『国際経済法講座Ⅰ』法律文化社、2012年、23-41頁。
(国際法が特別レジームの乱立に伴い「断片化」している中で、国際経済法の規範性はどのような影響を受けているかを概観し、WTO紛争処理を中心に考察した)
(54) 「『領土』めぐる視角と国際司法裁判所」『外交』16号、外務省、2012年11月、113-120頁。
(北方領土、竹島、尖閣をめぐる問題について、国際司法裁判所での解決が最も望ましい方法であるとの提案)
(55) 「国際法の規範形成における国際法委員会の役割――課題選択を中心に」国際法外交雑誌112巻1号、2013年5月、1-29頁。
(国際法委員会における課題選択の基準を中心に、その問題点を明らかにし、国際法委員会の新たな役割を検証する)
(56) 「集団的自衛権をめぐる憲法と国際法」村瀬信也・柳井俊二編『国際法の実践』(小松一郎大使追悼、信山社 2015年) 77-86頁。
(安保法制懇の審議を踏まえて、集団的自衛権をめぐる国際法と憲法解釈の乖離を埋める作業)
(57) 「国際法委員会の70年と新たな傾向――国際法の漸進的発達と科学的知見」『法律時報』89巻10号、2017年9月号、9-13頁。寺谷広司編『国際法の現在』(日本評論社 2020年、2-11頁に再録。
(国際法委員会の作業の中心は国際法の漸進的発達に移って来ているが、そこで特に重要となってきているのが科学的知見の導入であり、この問題を「大気の保護」の議題に即して検討する)
(58) 「国際法委員会における成果文書の形式とその法的意味」『国際法外交雑誌』118巻2号、2019年、1-18頁。
(最近の国際法委員会の最終成果物は、条文草案から結論草案などのソフトロー形式に移行しており、そのことの問題性を批判的に考察)
(59) 「慣習国際法の同定に関する国際法委員会結論草案の問題点」岩

澤雄司・岡野正敬編『国際関係と法の支配』（小和田恒国際司法裁判所裁判官退任記念、信山社 2021年）441-465頁。

（国際法委員会の慣習国際法に関する結論草案について批判的に検討）

（60）「感染症と国際法」『国際問題』No. 699、2021年３月号、1-4頁。

（61）「感染症が国際法学に与える影響」『国際法外交雑誌』120巻1-2合併号、2021年８月、7-17頁。

（62）「感染症に関する国際立法――2021年万国国際法学会（IDI）決議を参考として」国際法研究第10号（信山社 2022年３月）、3-21頁。
（以上３点は、万国国際法学会が2021年に採択した感染症に関する決議について、同学会の報告者として関わった筆者の立場からの解説）

Ⅲ　判例評釈等

（１）「国家賠償法６条における『相互の保証』の有無」ジュリスト543号、1973年、112頁以下。

（２）「政治活動を理由とする外国人の在留期間更新不許可処分と法務大臣の裁量の範囲」ジュリスト695号、1979年、129頁以下。

（３）「再入国許可期限の徒過による協定永住権許可の失効」ジュリスト711号、1980年、158頁以下。

（４）「政府承認の切替えと公有財産の承継」（光華寮明渡請求事件）ジュリスト869号、1986年、126頁以下。

（５）「国際慣習法の成否に関する認定」（シベリア抑留訴訟一審判決）ジュリスト937号、1989年、78頁以下。

（６）「シベリア抑留補償請求事件控訴審判決」判例時報1482号、1994年、185頁以下。

（７）「難民条約条の難民」ジュリスト渉外判例百選（第２版、118事件）242頁以下。

（８）「緊急事態と対抗措置」（ガブチコヴォ・ナジュマロシュ計画事

件）ジュリスト国際法判例百選 2001年（69事件）140頁以下。

Ⅳ　主要論文（英文）

（1）“The Most-Favored-Nation Treatment in Japan's Treaty Practice 1854-1905”, *American Journal of International Law*, vol. 70, 1976, pp. 273-297.
（幕末・明治期における日本の最恵国条項に関する国家実行を描写し、わが国による近代国際法導入の過程を明らかにした）

（2）“International Lawmaking for the New International Economic Order”, *The Japanese Annual of International Law*, no. 25, 1982, pp. 45-66.
（国連法典化部で担当した総会第6委員会議題を素材として、国際立法過程の問題点を解明した）

（3）“The Status of Political Refugees in Japan”, *The Proceeding of the American Society of International Law*, 1977, pp. 155-167.

（4）“Trade versus Security: The COCOM Regulations in Japan”, *The Japanese Annual of International Law*, no. 31, 1988, pp. 1-17.
（ココムをめぐる国際法上の問題点を、貿易と安全保障の相克という視点で分析した）

（5）“Reception of International Law into Domestic Law of Japan”, *Proceedings of the 19th Annual Conference of the Canadian Council on International Law*, 1990, pp. 263-272.
（カナダ国際法学会での報告。日本国憲法の下における国際法の受容について、条約と国際慣習法のそれぞれにつき、日本の国内判例を中心に紹介した）

（6）“Remarks on International Lawmaking for the Protection of the Global Environment”, *The Proceeding of the American Society of International Law*, 1991, pp. 409-413.
（地球環境保護に関する国際立法の在り方について、その構想を紹

介した）

（7） "Perspectives from International Economic Law on Transnational Environmental Issues", *Recueil des cours de L'Académie de Droit international*, vol. 253, 1995, pp. 283-431.
（ハーグ国際法アカデミーにおける5回の講義。国際環境法の争点を国際経済法の視点から解析。国際環境法の方法論、貿易と環境、国内環境法の域外適用、多国籍企業の管理、国際協力の枠組と履行確保、のそれぞれについて詳細な解説を行った）

（8） "Unilateral Measures and the WTO Dispute Settlement", in Simon Tay & Dan Esty, eds., *Asian Dragons and Green Trade: Environment, Economics and International Law*, Times Academic Press, 1996, pp. 137-144.
（WTOの成立に伴い、その紛争処理手続きも司法化されたが、その最初の事件を取り上げ、国家による一方的措置のGATT整合性を分析した）

（9） "Unilateral Measures and the Concept of Opposability in International Law", *Thesaurus Acroasium*, Thessaloniki Institute of International Public Law, vol. 28, 1999, pp. 397-454.
（一方的措置がいかなる場合に対抗力を持ちうるか、その条件について、海洋法、国際環境法、国際経済法、安全保障法の各分野における典型的事例を抽出して解析した）

（10） "The Relationship between the United Nations Charter and General International Law regarding Non-use of Force: The Case of NATO's Air Campaign in the Kosovo Crisis of 1999", *Liber Amicorum Judge Shigeru Oda*, Kulwer Law International, 2002, pp. 1543-1553.
（NATO空爆について、欧米では「違法だが正当」だという意見が多いが、国際法の専門家としては失格である。国際判例の多くはそういう場合、対抗性の概念を用いてきたことを指摘し、限定

的・時限的・過度的な法的評価としての枠組みを提示した）

(11) "Conflict of International Regimes: Trade and Environment", Thessaloniki Institute of International Public Law and Relations, *Thesaurus Acroasium,* vol. 31, 2002, Thessaloniki Institute of International Public Law, 2002, pp. 297-340.
（貿易と環境の衝突を、対抗する国際レジーム間の調整の問題として捉え、WTO／GATT における調整原理、気候変動と国際貿易、遺伝子組換え食物の国際貿易規制などの各論的考察をもとに、調整方法を解説した）

(12) "Thomas Baty in Japan: Seeing through the Twilight", *The British Year Book of International law*, vol. 73, 2002, pp. 315-342.
（戦前、日本外務省の法律顧問だったトーマス・ベイティ博士の国際法分野における貢献を紹介した）

(13) "Extraterritorial Enforcement of Domestic Law: Perspectives from International Law", *Thesaurus Acroasium,* vol.34, 2005, Thessaloniki Institute of International Public Law, pp. 269-325.
（急迫性を要件として、域外的な国家管轄権の執行が例外的に認められる場合の先例を、各国の判例・学説に照らし合わせながら検討し、国際テロリズムに対応する場合に適用可能な国際法の原則を模索した）

(14) "Trade and the Environment: With Particular Reference to Climate Change Issues", *Manchester Journal of International Economic Law*, vol. 2, Issue 2, 2005, pp.18-38.（"Trade and the Environment: With Particular Reference to Climate Change Issues", Harald Hohmann, ed., *Agreeing Implementing the Doha Round of the WTO*, Cambridge University Press, 2008, pp. 391-419に再録）.
（気候変動への対応措置が WTO／GATT の諸原則と抵触する場合に、いかなる調整が可能かを論じた）

(15) "Unilateral Responses to International Terrorism: Self-defense or Law-enforcement?", in Sienho Yee & Jacque-Yvan Morin, eds., *Multiculturalism and International Law, Essays in Honour of Edward McWhinney*, Martinus Nijhoff, 2009, pp. 429-444.
(国際テロリズムに対応するための国際法規則として自衛権は妥当ではなく、域外的法執行活動として捉えるべきことを論証、そのうえで、自衛権による武力行使と法執行活動では、武器の使用、第三者の付随的損害とその補償、戦時捕虜と刑事被告人との差異などについて分析した)

(16) "Presence of Asia at the Hague Peace Conference of 1907", *Colloquium, Topicality of the Hague Peace Conference of 1907*, Hague Academy of International Law, Martinus Nijhoff, 2009, pp. 85-101.
(2007年ハーグ国際法アカデミー主催の「第2回ハーグ平和会議100周年記念講演会」での報告。韓国三密使の果たした役割の歴史的意義を強調した)

(17) "Protection of the Atmosphere and International Lawmaking" in Miha Pogačnik, ed., *Challenges of Contemporary International Law and International Relations, Liber Amicorum in Honour of Ernest Petrič*, 2011, pp. 279-298.
(筆者が国際法委員会に提唱した「大気の保護」についての提案理由と概要)

(18) "Protection of the Atmosphere and International Law: Rationale for Codification and Progressive Development", *Sophia Law Review*, Vol. 55, Nos. 3-4, 2012、pp. 1-58.
(筆者が国際法委員会に提案した「大気の保護」に関する理由説明と関係条約・判例等の解説、基本原則として挿入されるべき条文草案の基となる国際法上の根拠等について詳述した)

(19) "Protection of the Atmosphere and International Law-making"

in Hague Academy of International Law, *The 90th Birthday of Boutros Boutros-Ghali: Tribute of the Curatorium to its President,* Martinus Nijhoff, 2012, pp. 189-209.
(筆者が国際法委員会に提唱した「大気の保護」についての提案理由と概要)

(20) The Senkaku Islands and International Law", Center for Strategic and International Studies (CSCI), Japan Chair Platform, May 22, 2013.
(尖閣列島問題につき、国際法上の観点から、日本の立場を論じる)

(21) "First Report on the Protection of the Atmosphere," International Law Commission, (A/CN.4/667), 2014, pp. 1-58.

(22) "Second Report on the Protection of the Atmosphere," International Law Commission, (A/CN.4/681), 2015, pp. 1-50.

(23) "Third Report on the Protection of the Atmosphere," International Law Commission, (A/CN.4/667), 2016, pp. 1-57.

(24) "Fourth Report on the Protection of the Atmosphere," International Law Commission, (A/CN.4/705), 2017, pp. 1-63.

(25) "Fifth Report on the Protection of the Atmosphere," International Law Commission, (A/CN.4/711), 2018, pp. 1-55.

(26) "Sixth Report on the Protection of the Atmosphere," International Law Commission, (A/CN.4/736), 2020, pp. 1-41.
(以上6点は筆者が特別報告者としてILCに提出した「大気の保護」に関する報告書)

(27) "Comments to 'Climate Change, Trade, and Investment Law. What Difference Would a Real Responsibility to Protect Market?'", Mitsuo Matsushita and Thomas J. Schoenbaum, eds., *Emerging Issues in Sustainable Development: International Trade Law and Policy Relating to Natural Resources, Energy, and the*

Environment, Springer 2016, pp. 399-402.
（気候変動と貿易、投資との関係について、環境の保護と市場経済の維持をいかに達成するかを検討）

(28) "Scientific Knowledge and the Progressive Development of International Law: with Reference to the ILC Topic on the Protection of the Atmosphere," in Said Mahmoudi, et al., (eds.), *The International Legal Order: Current Needs and Possible Responses: Essays in Honour of Djamchid Momtaz* (Leiden: Martinus Nijhoff, 2017), pp. 41-52.
（国際法の漸進的発達のための作業において科学的知見をいかに導入するかを、「大気の保護」の実例に照らして検討）

(29) "Dr. Liang Yuen-Li and His Contribution to International Lawmaking", *Soochow Law Journal*, Vol. 17, No. 2, 2020, pp.1-16.
（国連国際法委員会の創設者・中国の梁鋆立 Liang Yuen-Li 博士の貢献）

(30) "Concluding Remarks: Comments on the Working Methods of the International Law Commission: Some Issues", United Nations, *Seventy Years of the International Law Commission: Drawing a Balance for the Future*, Brill/Nijhoff, 2021, pp. 215-223.
（国際法委員会の作業方法について、成果物の最終形式に焦点を当てつつ批判的に検討）

(31) "Interrelationship Among Relevant Rules of International Law on Epidemics", Shinya Murase and Suzanne Zhou, eds., *Epidemics and International Law*, Centre for Studies and Research, Hague Academy of International Law, Brill/Nijhoff, 2021, pp. 19-42.
（ハーグ国際法アカデミー研究センターの感染症に関する成果、ディレクターとして、感染症に関連する国際法規則の相互関係について論じた）

(32) “Epidemics and International Law”, *Yearbook of the Institut de Droit International* (*IDI*), Vol. 81, 2021, pp. pp. 37-150.

(33) “Resolution of the Institut de Droit International (IDI) on Epidemics, Pandemics and International Law”, 80th Session of IDI in Beijing (online), September, 2021, https://www.idi-iil.org/app/uploads/2021/09/2021_online_12_en.pdf

(34) “Commentaries to the IDI Resolution on Epidemics, Pandemics and International Law”, Soo Chow Law Journal, 2022.

(35) “International Lawmaking on the Prevention and Control of Epidemics”, *International Community Law Review* (forthcoming) 2022.

(36) “International Lawmaking on the Prevention and Control of Epidemics”, *International Community Law Review*,
(以上５点は、2021年に万国国際法学会 IDI が採択した感染症に関する決議とその注釈および解説)

(37) “China's Early Contribution to International Lawmaking with Particular Focus on the Role of Dr. Liang Yuen-Li”, *Peking University International and Comparative Law Review* (forthcoming) 2022.
(国連国際法委員会の創設者・中国の梁鋆立 Liang Yuen-Li 博士の貢献を中心に、国連における中国の国際立法における役割を明らかにする)

V 小 説

(１) 滝村光『流れ星を待ちながら』(東信堂　2005年、314頁)。

(ｉ) 「流れ星を待ちながら」
(国際法模擬裁判などを通して育んだ大学時代の友情、のち、9. 11の同時多発テロの犠牲になった青春物語)

(ii) 「明かりを消して」

（大学闘争の闘士としての活動、その後大学の教師として生きる男の愛と情熱の日々）

（２） 黒内彪吾『幻影の嘉例吉――牧志朝忠とチル』（信山社　2016年、317頁）。
（19世紀沖縄の歴史小説。牧志朝忠は歴史上実在の人物、チルは筆者の創作上の人物。朝忠は若くして北京に学び、帰国後は通事として来訪する欧米各国と交渉。チルは命懸けで、彼を助ける。最後の部分は歴史ミステリー）

（３） 黒内彪吾『禁断の赤ワイン』（東京図書出版　2021年、161頁）。
（ミナはテロ・グループに所属し、科学者の桂優一の誘拐に加担。しかし、彼女は優一を愛してしまい、テロ・グループから彼を守ためにに命をかける。ところが、８年前の彼女の父の死に優一が関与していたことを知り、ミナは彼への復讐を図ろうとする、ロマンティック・ミステリー）

〈著者紹介〉

村瀬 信也（むらせ　しんや）

上智大学名誉教授。
1943年名古屋市に出生。国際基督教大学卒、東京大学大学院・法学政治学研究科修了（法学博士）。
国連国際法委員会委員、万国国際法学会会員。

国際法と向き合う

■捨てる神あれば 拾う神あり■

Living with International Law: If there is a god to throw away, there is a god to pick up

---

2022（令和４）年４月15日　第１版第１刷発行

著　者　村　瀬　信　也
MURASE, Shinya

発行者　今　井　　　貴
稲　葉　文　子

発行所　㈱　信　山　社

〒113-0033 東京都文京区本郷6-2-9-102
電話 03(3818)1019　FAX 03(3818)0344
info@shinzansha.co.jp

Printed in Japan, 2022　　　印刷・製本／藤原印刷株式会社

ISBN 978-4-7972-5909-4 C3332 ¥3000E